蔡阿嘎

——

著

嬉．生活
Chic 107
高寶書版集團

嬉生活 107

蔡阿嘎 Fun 閃玩台灣

作　　　者　蔡阿嘎、二伯
攝　　　影　蔡宗翰、大頭佛
副總編輯　蘇芳毓
編　　　輯　吳珮旻
美　　　編　Kepler Design
企　　　劃　陳俞佐
發　行　人　朱凱蕾
出　　　版　英屬維京群島商高寶國際有限公司台灣分公司
　　　　　　Global Group Holdings,Ltd.
地　　　址　台北市內湖區洲子街 88 號 3 樓
網　　　址　gobooks.com.tw
電　　　話　(02)27992788
電　　　郵　readers@gobooks.com.tw（讀者服務部）
　　　　　　pr@gobooks.com.tw（公關諮詢部）
傳　　　真　出版部 (02)27990909
　　　　　　行銷部 (02)27993088
郵政劃撥　19394552
戶　　　名　英屬維京群島商高寶國際有限公司台灣分公司
發　　　行　希代多媒體書版股份有限公司 / Printed in Taiwan
初版日期　2016 年 7 月

國家圖書館出版品預行編目

蔡阿嘎 Fun 閃玩台灣
蔡阿嘎著
　-- 初版 . -- 臺北市：高寶國際出版
希代多媒體發行，2016.07
176 面 17x23 公分 （嬉生活 107）
ISBN 978-986-361-305-3(平裝)

1. 臺灣遊記
733.6　　　　105009567

從一個人旅行到兩個人牽手

首先，恭喜蔡阿嘎脫魯晉身為人夫啦，耶！（撒花）如各位鄉親所知，小弟我今年就要和嘎嫂二伯決定手牽手一起邁向人生的另一個階段啦，其實我和二伯是彼此的初戀，從十三年前就認識到現在，雖然我們倆人各自在感情之中繞了點路，但最後還是決定牽起彼此的手，能再次攜手共進，真是可喜可賀啊！哈哈。

而讓我們再度牽手的原因就是旅遊，因為這是我們最大的共同興趣，可想而知就是都很喜歡趴趴走。二個人的旅遊和之前拍「食尚玩嘎」跟一群好朋友出遊，非常的不一樣，大夥出遊著重的是歡樂的氣氛，而兩人出遊著重在心靈的交流與分享，在安排行程的過程中，你會試圖去了解她喜歡什麼、或是不喜歡什麼；在旅遊的過程中，你會看到她因為你的用心安排而感動，甚至回來後還會掛在嘴邊跟朋友炫耀，就因為如此，你會更想要帶她去看最美的風景、去吃最棒的食物，讓這美好的一刻，只留在兩人的心中。所以旅遊時，常常會看到對方不同於平時的另一面，這就是二伯為什麼會這麼愛我的原因了（驕傲）。

親愛的男性同胞們啊！你是否常常苦惱放假不知道該帶她去哪裡玩？一切都讓她安排、結果卻被罵沒心？沒關係，這本書總共分成五大主題，不論你是想給她公主般的待遇、異國風情的浪漫、CP 值高的「澎派行程」、絕不流俗的特別景點、或是享受不被打擾的私密世界，在這本書裡都可以找得到你所想要的，小弟我之前用了五年空窗的時間，好好做了功課，總算靠著旅遊賺到了一個賢內助，在這裡我絕不藏私，把所有功力濃縮在這本書裡傳授給大家，讓各位男性朋友們不用再苦惱要帶她去哪裡玩，女性朋友們也可以依照這本書邀請另一半一起去走走。最後，祝福各位鄉親早日有情人終成父母，如有成功，記得要發喜帖給我喔！（啾咪）

Bon Voyage！
帶她旅行的小祕訣

來去海邊衝浪！

我不要，海邊晒死了！

1. 決定地點時？

在決定要去哪裡玩之前，常常會因為喜好不同而遲遲無法決定旅遊的目的地，這時候我跟二伯最常用的一招就是「一人一次，感情不會散」，意思就是二個人的意見都採納，假設這次去了二伯想去的地方，下一次就去我想去的地方，這樣不僅可以避免爭執，還直接想好下一次要去哪裡玩，豈不是一箭雙鵰的好方法！

2. 安排行程時？

想去的地方很多，但是時間很少，該怎麼辦呢？我跟二伯常常都會把所想去的點全部列出來，然後再依照整體路線、時間去做行程的規劃，如果有需要割愛的地方，我們也會把它記錄下來，雖然行程上看似會有些遺憾，但是每一次旅行中的遺憾，不就是促成下次旅行最好的動機嗎？哈哈。

3. 找不到路時？

在旅行中，往往會有找不到路的時候，這時切記莫急、莫慌、莫害怕，拜科技所賜，在我們手中最大的利器，就是 Google 大神，打開地圖立刻可以指引出正確的方向，如果一不小心落入沒有網路的世界，最古老也最好用的方法，就是「路長在嘴上」！在台灣旅遊最棒的就是到處充滿人情味，不用擔心也不用害羞，開口問就對了！

4. 口味不合時？

我想吃這個，可是她想吃那個的時候該怎麼辦？ 遇到口味不合時，我們建議可以兩人都點不一樣的試試看，因為難得出門，就是要嚐嚐不一樣的在地小吃，如果怕嚐鮮踩雷，也可以其中一份點保守的食物，另外一份勇於嘗試，如果真的這麼倒楣點到完全不合胃口的，那不如就放開心，想著：原來這就是所謂「特別」的味道啊！（哈哈）

這個味道好特別……

我要拍得像
梁朝偉！

5. 拍照拍不好時？

說到拍照，很多男性朋友都會有這些苦惱，像是我怎麼拍另一半都嫌醜，或是我又不想拍，幹嘛一直逼我拍照啊？說實話，小弟我比二伯更愛拍照來著（汗），不過在這裡還是要教教男性朋友們，拍照最重要的是溝通，試著問另一半她想呈現的感覺，然後拿出當年窮追猛打的耐心與愛心，拍到她滿意為止，因為這些照片不僅拍下當時的風景，更保留你們倆踏過的足跡，等到年老色衰時，還可以拿出來再三回味，原來我們當時也是個女神和小鮮肉來著。

6. 價格喬不攏時？

旅遊基金

出去玩難免會需要用到錢，但是這個責任全由一個人來承擔好像會有些沉重，畢竟出遊是一件快樂的事，絕對不要因為錢而有所爭執才好！建議平時可以存一個共同的旅遊基金，視基金的多寡，決定出遊可以花費的程度，這麼一來不僅可以解決金錢上的口角，更可以把基金當作兩人一起努力的目標，到達目標後，有共同期待的事情，這樣兩人的感情會走得更長久喔！

7. 情緒上來時？

Let it go～
Let it go～
（唱）

雖然我們期待的是每次都可以快快樂樂地出門，平平安安地回家，不過老天偶爾也是愛捉弄人，常常會有些煩心的事情出現，搞得你情緒毛躁，這時可千萬別動怒啊！兩人期待已久的旅行，可別因為一時的情緒而悻悻然收場，我們出遊是要感情加溫，而不是要扣分的！無論如何，旅途中一定要盡可能保持一路愉快的心情，真的有情緒上來時，不如就一起唱首「let it go」吧！

暖男指南 Caring guy Guide

愛、你、一、萬、年！

帶著嘎嫂二伯出遊，小弟我奉行的就是五個字：愛、你、一、萬、年！

愛 愛她所愛，滿足她的需求。

如果在旅遊之前，就依照她喜歡去的、喜歡吃的去安排行程，那她一定被你的細心觀察所感動。假如兩人有意見不一的時候，多去了解她的需求，站在她的角度去設想安排，我相信這趟旅程，肯定會讓她玩得流連忘返。

你 你快樂所以我快樂。

帶她出遊，最大的目的就是要讓她快樂，所以我們要盡量避免可能會掃興的事情，首先天氣是最重要的，下雨要記得帶雨具，太陽太大要準備好防晒用品，其次是確認好營業時間，不要大老遠過去結果店家沒開，又沒有備案，兩人面面相覷最尷尬；其他像是交通方式、路線規劃等等，只要事前可以做好沙盤推演，正式上場時就不怕手忙腳亂嘍！

一 一些貼心的舉動，融化她的心。

就像我說的，另外一半是用來疼愛的，如果在旅遊之中，留意細節，做些貼心的小舉動，像是出門多帶一件薄外套，冷的時候讓她穿上，或是上車的時候，幫她扣安全帽或繫安全帶，保證她一定會被你的貼心舉動瞬間融化。

萬 萬萬不可發生的事情。

兩人出遊最重要就是把彼此放在眼睛裡，雖然不是說要放閃到每一秒鐘都黏在一起，但有些事是萬萬不可發生的啊！例如：各自低頭滑手機、自顧自地走往前走、約好的時間卻大遲到等等，這些行為一旦發生，會讓她對你的好感度大大扣分哦！

年 年年有今日。

一趟愉快的旅程回來後，一定會期待下次再出遊的機會，在時間及經費允許之下，可以每年都至少製造一次兩人共同出遊的機會，不僅能讓彼此無時無刻都對旅程充滿期待，也能幫你們的戀情留下許多美好的回憶哦！

本書使用指南 Manual Guide

＊本書資訊更新至 2016 年 6 月 30 日為止，僅供參考，詳情以官網、店家公佈為準。

---

❶ 旅遊主題：本書共分成 5 大主題，可依照自己偏好選擇適合的地點。

❷ 所在地：這次蔡阿嘎準備了北、中、南、東各 75 個最適合約會的祕密基地，選定喜歡的主題景點後，不妨將同縣市的其他主題景點一起順遊吧！

❸ 景點特色：75 個地點都有它獨特、不可錯過的魅力，主題特色幫助你更清楚、更具體的選擇行程。

❹ 地址：有一些戶外景點沒有地址，請依照本書標示導航。

❺ 電話：有一些地方是需要提前電話聯繫，以免撲空。

❻ 時間：有些店家的點餐、入場時間會提早，保險起見，建議事先電話聯絡。

❼ 約會聖地：本書收列蔡阿嘎求愛撇步 10 招，獨特的嘎式浪漫完全不藏私，趕快學起來！

Contents

Chapter 1
夢幻公主篇

每個女孩子心中都住著一位公主，此言真的不假，夢幻的場景和甜點總是可以擄獲所有少女心，這個主題中，有奢華的大餐、可愛的卡通人物和各種公主般待遇，非常適合帶著她一起來享受哦。

01 凱西小舞台

📍 台北市大同區太原路 11 巷 23 號

📞 02-25553386

🕐 週三～週四：14:00 ～ 20:00　週五～週日：14:00 ～ 21:00　（每月雙數週日公休）

只要是六、七年級生，一定會對一個穿著白 T 恤配牛仔褲的小女生很有印象，那就是當年印在你我文具用品上的「凱西」啊！想起來了嗎？ 凱西插畫在當年的學生文具市場界根本所向披靡，堪稱插畫天后啊。一直以為隨著時代的浪潮，當年的凱西已消失在洪流中，成為青春記憶的一部分，但沒想到，某次偶然看到一則報導才知道原來凱西一直都還在耶！只是我們已經長大了（泣），而且現在還在台北開了屬於自己的一家店，得知這個消息，不去看看當年的老朋友還說得過去嗎？

一走進凱西小舞台，天啊！ 不只是二伯的少女時代被開啟，我的少男時代也被喚醒了。看到整家店滿滿的都是凱西周邊商品，如果是跟我們同樣年代的朋友，一定也會感動得想哭，因為凱西在我們的青春歲月裡，真的扮演著太重要的角色了。偷偷八卦一下，像我跟二伯當年初次談戀愛時，寫的第一本交換日記就是凱西的筆記書，聽聞凱西老師本人時常會在店裡出沒，本來想拿我們的交換日記本給老師簽名，沒想到老師外出撲了空，真是太可惜了。

回憶中白衣藍牛仔褲的文青凱西圖像，
隨著時間也有一點點不同。

餐廳的用餐環境同樣也包圍著凱西的相關設計，讓人沉浸在往日時光。

現在凱西仍然不斷推出新的文創商品放在店裡販售，在這裡不但可以懷念學生時期的自己，也可以點杯咖啡和小點心，和另一半聊聊彼此當年青澀的學生時代，一定會是個充滿回憶的時光。有趣的是，菜單中有一杯飲品叫「凱西特調」，只要點了它，凱西本人就會出來幫你調製飲料哦，會端出什麼驚喜飲料都不一定，很有趣吧?! 不過，也是要凱西老師有在現場才有辦法調啦，哈哈哈！

前面那本筆記本就是十幾年前
我和二伯的交換日記。

喝著咖啡品味著凱西小語，希望下一次來有機會喝到凱西特調。

02 君品酒店 · 雲軒

📍 台北市大同區承德路一段 3 號 6 樓
📞 02–21819977
🕐 週一至週四 / 早餐 06:30 ～ 10:00 午餐 12:00 ～ 14:30 下午茶 15:00 ～ 17:00 晚餐 18:30 ～ 21:00
　　週五至週日 / 早餐 06:30 ～ 10:00 午餐 11:30 ～ 14:30 下午茶 15:00 ～ 17:00 晚餐 18:00 ～ 21:30

雖然「時機歹歹，口袋淺淺」，但有時候遇到女朋友的生日、聖誕節、情人節或是結婚紀念日等重要節日，偶爾和另一半吃點奢侈的大餐，也無可厚非啦！所以我要推薦大家這個超厲害、超夢幻的君品酒店雲軒西餐廳，有多夢幻？是龍蝦跟帝王蟹吃到飽哦！

平常如果要在海產店吃個龍蝦或帝王蟹料理，一道菜動輒就要上千塊，但在雲軒卻是可以讓你無限量、吃到飽！不但如此，還能吃到各種料理方式，做成焗烤的、酥炸的、清蒸的、日式可樂餅……應有盡有，大大滿足你的味蕾，簡直就是龍蝦控的夢幻天堂啊。當然除了龍蝦、帝王蟹料理之外，其他還有各種生猛海鮮、超大生蠔、現煎牛排，也都是全部無限量供應，挑戰你胃的底限，難得來一趟，就不要考慮什麼減肥不減肥了，好好吃一頓再說吧！

我是龍蝦吉祥物！

酥炸螃蟹螯，又香又酥！

整隻新鮮的帝王蟹跟龍蝦無限供應，這麼奢華的享受，一定要帶女伴來享受一次！

木櫃中擺著顏色鮮艷美麗的蔬菜，新鮮看得見，雖然是吃到飽的 buffet，
但是食材用料非常講究。

麻袋裡面裝著水果乾和綜合豆，是 buffet 比較少見的食材。

03 北投焚化爐

📍 台北市北投區洲美街 271 號

🕐 09:00 ～ 22:00

電梯的按鍵是以高度標示而不是樓層，讓你知道現在爬升到多高，頗有新意。

當兩人甜甜蜜蜜的到戶外約會，景色美歸美、夜景浪漫歸浪漫，但最怕就是夏天會流得滿身大汗、冬天又怕被東北季風吹到頭痛，約會品質整個大打折扣，所以我一定要推薦一個好所在給廣大的男性朋友，「北投焚化爐」絕對是適合帶女生來約會的絕讚地點，不用懷疑，真的是焚化爐！

這裡一定可以打破你以往對焚化爐那種髒髒、臭臭的印象，北投焚化爐規劃得相當乾淨舒適，一根色彩繽紛的煙囪就矗立在洲美河堤旁，在 120 公尺最高的樓層有旋轉餐廳。但如果是只想單純享受夜景的話，那就搭電梯直達 116 公尺高的觀景台就可以嘍。

觀景台有 I LOVE YOU 的裝置，很適合情人來這邊拍照。

可以看到整個關渡平原的景色，天氣好的話，遠處的 101 大樓也是可以清楚看見，讓人心曠神怡。

北投焚化爐可說是關渡平原的制高點，站上觀景台剛好可以把淡水河、基隆河、觀音山、陽明山和大屯山全部盡收眼底，視野遼闊風景怡人，白天和夜晚來也有不同的感受。重點是這裡不用門票、有舒適的冷氣，即便是假日也不會有太多的遊客，臨近台北士林、北投許多景點，是適合吃完晚飯或在外奔波一整天後歇息一下的好景點。

約會聖地1 Fabulous Date Ideas

偷偷來的牽手聖地

嘿嘿嘿，只要是晚上來到北投焚化爐看夜景，就會發現這裡晚上室內是不開燈的唷，唯一的光源就是外面燦爛的夜景燈光，整圈的觀景台都有椅子可以坐，很適合剛交往、還在害怕路人眼光的害羞情侶檔，就可以在這邊偷偷的、第一次牽起小手，就這樣一直牽著手看夜景，是不是很浪漫呀！

晚上這邊非常適合賞夜景，不像在戶外會被蚊蟲叮咬，也非常安全，燈光美氣氛佳，是告白的好時機啊。

04 Lovely cake 樂芙尼手工蛋糕

📍 台北市中山區長春路 130 之 8 號
📞 02–25222855
🕐 平日 10:00 ～ 21:00 假日 11:00 ～ 20:00

如果是住在台北，對甜點或下午茶稍微有點研究的鄉親，對這家 Lovely cake 應該不會太陌生，雖然只是路旁一間不起眼的甜點小店，卻賣著很厲害的蛋糕哦。樂芙尼裝潢簡單溫馨，裡頭賣著各式各樣的手工小蛋糕，最有趣的就是這個「豬排拉麵蛋糕」啦！

豬排拉麵蛋糕超迷你、比手掌還小，而且做得逼真又精緻，還用可愛的鑄鐵鍋裝起來，不要說小女生了，我這個三十歲的中年大叔看了都驚呼「oh～怎麼這麼古錐！」而且更令人驚艷的是，它的味道一點也不馬虎，我本來以為這種外表厲害的甜點，味道應該不怎樣，沒想到我大錯特錯啊！蛋糕上的豬排是奶酥、小小的荷包蛋是巧克力做的，底層是香草蛋糕和奶酪，中間還夾了一層焦糖蘋果，吃起來不會太甜或太膩，出奇的美味啊（笑）。不過豬排拉麵蛋糕每天的數量不多，建議買之前可以先打電話預定或詢問看看，以免撲空白跑一趟哦！

整碗都是
甜口味的哦！

蛋糕店的外觀看起來很摩登，相當受女生歡迎。

除了招牌的豬排拉麵蛋糕以外，冰櫃裡的手工蛋糕也非常值得一試，口味相當特別，做工很也很精緻。

Wonderful!

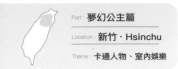
05 大魯閣巨城館

📍 新竹市東區中央路 229 號 8 樓

📞 03-6238085

🕐 11:00 ～ 21:30 (週五、六延長至 22:00 休館)

啥毀？ 棒球打擊場有什麼好夢幻的？這不是很男孩子？很陽剛的東西嗎？ 嘿嘿，你們
有所不知，這裡的打擊練習場可是跟日本三麗鷗公司聯名合作，整個三麗鷗家族都活
跳跳出現在運動場上，包括你熟悉的 Hello Kitty、布丁狗、美樂蒂、酷企鵝等等，這些
陪伴我們長大的卡通人物，在整個遊戲、運動設備的細節裡，都可以發現他們的蹤跡，
不用花大把鈔票飛到日本，這裡簡直就堪稱「台灣的三麗鷗樂園」了，不誇張！

一進來就看到三麗鷗的人氣明星 Hello Kitty 身著棒球裝歡迎你，旁邊還
有可愛的布丁狗，再怎麼不喜歡運動的女生絕對也會大喊「卡哇伊～」

一旁的休息桌上面也印著 Hello Kitty 的圖案。

撞球室也是隨處可見三麗鷗的卡通人物。

出門約會，能夠欣賞男生們的帥氣英姿，對於感情加溫絕對是有正面幫助的，要是一起打保齡球、撞球，做一些動態的互動更能增添樂趣。雖然有時候女生對這類的運動行程沒興趣，但來這裡男生們就大可放心啦，因為有 Hello Kitty 會陪你打保齡球、打撞球時美樂蒂幫你加油、還有很多可愛的限定聯名商品，女孩兒來這邊一定開心得到處拍照，要找男孩女孩都能玩得很開心的約會場所，非大魯閣巨城館莫屬了！

這裡的打擊練習場也很適合女生來，幻想著自己就是可愛的凱蒂貓！

周邊商品的品項很多，也是與三麗鷗的卡通人物聯名，像這件 Kitty 棒球衣帥氣中帶可愛，讓人立刻想打包回家。

06 田中窯燒貓咪村

📍 彰化縣田中鎮三民里斗中路 2 段 230 巷 64 號（旨臨宮）

彰化田中三民社區雖然不大，但結合了由當地窯燒陶技藝的藝術家葉志誠老師和學員們一起打造的作品，創造了全台灣獨一無二的窯燒貓咪村，這可不是一般的平面彩繪而已哦，每一個可都是立體的精美陶窯作品呢！

我建議可以從田中旨臨宮出發，然後漫步在三民社區中，就會發現到處都有意想不到的貓咪冒出頭來跟你打招呼，有的躲在牆角下、有的趴在圍牆上，甚至是水溝旁都有用心製作的貓咪窯燒蹲坐在路旁，整個社區營造得相當用心又可愛，就像身處童話世界般的繽紛瑰麗。雖然入口處有三隻怪怪的山寨卡通貓，我姑且稱之為「哆啦 A 告、Hello 起肖和耳聾貓」（哈），不過無傷大雅，只要你是貓控，來到這裡一定會愛不釋手，每隻貓都想拍，待上一整個下午都沒有問題，來這裡走一圈，讓可愛的貓咪來療癒你的身心靈吧。

在村莊裡散步隨處可見貓咪的陶製品，彷彿和真的貓咪一樣有各種姿勢和表情。

這裡有很多逗趣的貓咪，趕快來找我們！

小型的教室上課畫面陶製品，好像來到小人國一樣。

在村子裡散步隨拍，時光彷彿慢了下來，靜靜的美好。

好像在逗弄真的小貓咪，愛貓的人絕不能錯過。

牆上的彩繪不是平面的，而是立體的浮雕，由窯燒陶製成。

07 吉米好站

📍 彰化縣彰化市彰草路 783 號
📞 04-7518003
🕐 08:30 ～ 17:30 （週一、二公休）

進入店內左手邊就有老闆的作品展示區。

你絕對想不到，可以把女友當成公主寵愛的浪漫行程，竟然會出現在這家工廠裡的咖啡店，吉米好站真的就有這樣的魔法。一進到店裡，你就會被舒適寬敞的空間所吸引，是一家結合了藝文的人文咖啡店。老闆吉米本身就是一位繪畫的愛好者，店內除了展示許多他的繪畫作品外，也不定期會有小型攝影展、手工藝品展或是音樂小聚會，讓旅客可以輕鬆的陶醉在藝文和咖啡香裡。

當然最厲害的，就是吉米大哥可以幫你客製人臉的拉花啦，只要相片交給他，不到 10 分鐘的時間，栩栩如生的人像就呈現在咖啡中，手真是太巧了，簡直整杯咖啡都是吉米的畫布嘛！幾乎沒有什麼是畫不出來的（哈）。

也因著老闆的巧手，情侶來這邊就可以畫出專屬於你們獨一無二的甜蜜拉花，精緻又逼真的作品，肯定會讓你咖啡都冷了，也捨不得喝上一口，而且每杯都有獨立編號哦，我和二伯是 5015、5016，下次你來造訪，也可以看看跟我們差了幾號（笑）。

門口有兩個小型摩艾石像。

這些人像都是老闆親手繪製，任何人臉都難不倒他。

我和二伯的人臉拉花，是不是非常特別？這樣的咖啡喝起來更有趣、更令人印象深刻！

只要事先把想畫的照片拿給老闆，就可以得到客製的咖啡拉花。

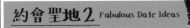

約會聖地2 Fabulous Date Ideas

害羞又不失浪漫的告白聖地

通常告白這一步，是最令人害羞跟害怕的階段，如果我告白了，萬一他生氣怎麼辦？會不會連朋友都當不成？好多小劇場都在腦海中上演，如果就這樣卻步，可能就會錯失一段美好姻緣呀！吉米好站的人像拉花無疑是最佳告白利器，偷偷和老闆吉米哥串通一下，在拉花上動個手腳，加個愛心、寫個 Love You 都可以，絕對是浪漫又不失創意的告白好方法！（失敗了還可以撇清賴給老闆，給自己一個台階下，你說是不是很方便？！）

08 石榴石龜聯姻火車站

📍 雲林縣斗南鎮中山路 2 號（斗南火車站）

人結婚不稀奇、動物結婚也不奇怪，沒想到在台灣，連火車站都可以結婚聯姻，真是太可愛了！雲林境內只有石龜、斗南、斗六、石榴、林內共五個火車站而已，但很多人不曉得，其中石龜、石榴兩小站其實已經有百年的歷史了，從繁華到落寞，目前已經是無人車站，或許台灣有很多人連聽都沒聽過。

台鐵在 2015 年完成這場很有趣的世紀婚禮，由石龜、石榴中間的斗南火車站在它112 年週年慶的時候充當證婚人，讓這兩個百年車站聯姻結婚，以「情龜榴心」為主題，還推出了聯姻套票和恩愛的紀念章，現在放置在斗南火車站。這三個車站相隔不遠，還有這麼可愛又浪漫的愛情故事，不妨趕快跟另一半一個當石榴妹、一個當石龜兄，在車站拍下照片後，再一起到斗南站蓋下象徵證婚的紀念章，石榴、石龜愛情長跑百年都結成連理了，而且「雙石結合」代表著「十全十美」，一定可以保佑你們的愛情長長久久、永垂不朽（超吉祥的！）。

聯姻車站推出的套票，看起來也很像喜帖一樣，讓拿到的人也沾了喜氣。

男生是石龜兄。

女生是石榴妹。

約會聖地3 *Fabulous Date Ideas*

愛的見證聖地

這全台灣唯一有婚姻關係的火車站,可以替你們的愛情做一個非常有趣的見證!石榴、石龜車站相距不遠,要收集蒐集照片來打卡非常容易,在走訪、尋找這兩個小車站的過程,也會讓兩個人充滿冒險和驚奇,最後再到斗南站蓋下浪漫又可愛的結婚紀念章,表面上好像是在恭賀石榴、石龜兩車站,但其實是這百年歷史的斗南車站在為你們的愛情做見證哦!

來這裡別忘了買一套聯姻車票來收藏,
當成你們愛情的紀念哦。

09 成龍集會所

📍 雲林縣口湖鄉成龍村 135 號
🕐 09:00 ～ 21:00

成龍集會所建築物外觀就像童話故事裡的小屋一樣可愛。

從沒想過在口湖這個靠海的小鄉鎮上，會有一個這麼可愛的地方，繽紛的馬賽克磁磚拼貼小屋，就在成龍村的成龍集會所裡，這裡說的成龍不是香港成龍大哥的成龍哦（冷）。這個集會所是縣政府推動人文景觀環境藝術美化後的成果，外觀活像個立體水族館。一進到裡面就被環繞四周的繽紛瓷磚給包圍，仔細看的話，還會發現成龍村的歷史相片，都直接印在瓷磚上，把藝術與當地人文做最棒的結合，在裡頭拍照，就好像來到童話屋般夢幻。

現在集會所也成了當地孩子們放學後的最佳去處，不僅有數量眾多的書籍可供閱讀，孩子們也能安心的在這裡寫功課、玩耍。我們這次來發生了一件很有趣的事情，遇到這個月負責管理的小朋友，他不忘提醒我們：「小心不要踩到草皮，因為剛種了花，踩到會死掉哦！」（萌萌的好可愛！）

過往成龍村因農業灌溉超抽地下水，導致地層下陷非常嚴重，甚至在民國 75 年的一次的颱風中，造成海水倒灌，成龍村的積水不退，農田、魚塭都淹沒了；時間一久，原本的農田、魚塭反而成為了濕地，吸引了不少候鳥棲息和魚蟹繁殖。所以來到集會所參觀後，一定要再往海的方向走，你會發現有一大片的成龍濕地、和無數的候鳥就在眼前。當然，站在賞鳥平台欣賞這美景的同時，也別忘了這濕地底下曾經是無數的房舍和魚塭，咱們人類顧著生活，也別罔顧了生態才是。

集會所裡面滿滿的彩繪磁磚拼貼，色彩艷麗像是來到一個世界。

磁磚上的成龍村歷史照片。

外面的成龍濕地會有很多候鳥來此休息，也是一個賞鳥的好去處。

10 北港藝閣

📍 雲林縣北港鎮中山路 178 號　（以朝天宮為中心）
🕐 農曆 3 月 19 日～ 23 日

有一天經二伯提醒我才想到，原來在我們習以為常的生活中，就有一個這麼特殊又有趣的旅遊景點可以介紹給大家，那就是有百年歷史的「北港藝閣」。我們從小在雲林嘉義一帶長大，都知道每年媽祖生日時，北港鎮上就會有真人版的花車遊行，習以為常的我們想說這根本沒什麼，一直以為大家都知道，沒想到詢問身邊其他縣市的朋友，才發現北港藝閣竟然這麼特殊，已經是全台灣僅存的傳統耶！

沒時間飛到國外迪士尼看遊行嗎？沒關係，這堪稱「台灣版迪士尼花車」的北港藝閣，一樣可以滿足你的願望。每年都有二、三十輛不同主題的花車，車上站的可都是真人妝

花車上會撒下很多物品，可以看到民眾用雨傘、臉盆來接的有趣畫面。

每年的媽祖生日，北港鎮上就會有這樣熱鬧的畫面。

扮的各類角色哦。小時候要被化濃妝、綁上車去丟糖果，幾乎是很多北港人的共同回憶，像二伯就是從小扮、扮到二十幾歲還在扮，這裡可說是孩子完成公主夢想的小小舞台呀！想要打扮上花車的人，可以向北港各里長處詢問，就能跟我們一樣上車共襄盛舉！

花車每年農曆 3 月 19 日起，一連五天在北港鎮上巡迴繞境，會從花車上撒下大大小小的禮物，早期只是丟象徵平安的平安糖果，但現在越演變獎品也越好，舉凡小朋友愛的零食、玩具、娃娃，還有媽媽們愛的薑、麻油……真的都會丟下來不誇張！只要花車一經過，就形成了無論男女老幼都會舉手向花車要糖果的有趣畫面。這項台灣僅存的藝閣文化，沒找一年來北港玩那就太可惜了！

11 北門嶼教會

📍 台南市北門區永隆里北門 31 號
📞 06-7862138
🕐 開放時間不一定，可先電話詢問

小巧的白色教堂很符合女生心目中的求婚想像。

台南北門幾年前興起水晶教堂的風潮，但其實在不遠處的北門嶼教會，更值得大家來走訪，比起為觀光而造的北門水晶教堂，北門嶼教會在 1959 年就已經成立了，當時是為了當地烏腳病的病患而設置，後來經過重新粉刷後，就呈現出了彷似小白宮的面貌，搭配原有歷史感的紅磚步道，倚靠在牆沿上拍照，就好像置身國外拍婚紗照一樣。

Yes, I do!

北門嶼教會人潮比較少，可以享受安靜的約會時光。

白色的西式建築搭配紅磚地板，是不是很適合拍婚紗照呢？　逛累了還可以在大樹下稍坐休息。

尤其是教堂裡頭，沒有過多華麗的後天裝飾，保有了教堂原來該有的莊嚴與肅靜，坐在教堂內的木頭椅，望著十字架的神聖潔淨，真的會讓人有股想直接在這裡辦婚禮，說「我願意」的衝動耶！ 很幸運的，我們這次也遇到了教會的牧者，聊了許多北門當地的故事外，他也表示其實教會很歡迎大家來參觀，來這邊可以了解真正的教會是什麼模樣，只要有工作人員在的話，教會內部就會開放哦！

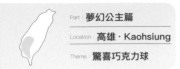
12 童話花園

📍 高雄市新興區林森二路 135 巷 32 號

📞 07- 2916778

🕐 11:30 ～ 22:00 （每月最後一個週一公休）

巫婆的糖果罐是招牌甜點，黑色巧克力球裡面包著新鮮水果和蜜糖吐司。

這真是我吃過最、最、最夢幻的甜點了，沒有之一哦，就是「最」，不誇張！極力推薦一定要帶情人來品嚐，像我這樣三十歲的中年大叔，潛藏的那顆少女心也完全被激發啦！

我說的就是童話花園的這道「熱溶蜜糖吐司」，還記得在網路上看過國外有類似吃法的影片，沒想到台灣也有在賣。一整顆的圓球巧克力，裡面包裹著棉花糖、吐司和水果，當店員開始把熱巧克力醬緩緩

這一款熱戀草莓甜心蜜糖吐司白色巧克力球，甜蜜的滋味擄獲萬千少女心！

你一口、我一口就像在童話故事裡的戀愛情節啊！

淋上時，巧克力圓球外殼也慢慢的融化崩塌，可可香氣隨之飄散，還沒吃之前就已經讓視覺和嗅覺來一場華麗的饗宴了。更別說還有季節限定版的草莓白巧克力，粉紅色的草莓醬淋下，說有多夢幻就有多夢幻！兩個人甜蜜的你一口、我一口一起享用，這絕對是帶女伴約會用餐的超棒祕密武器啊！

提醒大家要吃「熱溶蜜糖吐司」，最晚一定要前一天先打電話預約，因為每天都是限量製作，如果沒有先預訂的話很容易撲空哦！

這一款爐烤起司馬鈴薯香綿滑口，超美味！

Wonderful!

13 牡丹國小

📍 屏東縣牡丹鄉牡丹村牡丹路 93 號

牡丹國小入口處。

最近在台灣很多地方都有擺放適合拍婚紗的浪漫裝置藝術，尤其像是「LOVE」的立體大字更是隨處可見。但你知道在屏東的牡丹國小裡，也有這樣的裝置藝術嗎？雖然抵達牡丹國小前，有一大段的山路要走，從屏東市出發的話，行車時間大概就需要 2 個小時，但這個在池山下最美麗的國小，我覺得非常值得情侶們花時間來走走。

牡丹國小的學生人數不多，但校園卻非常的廣大，且隨處都設有超浪漫的 LOVE 立體大字，站在長度約 100 公尺的彩虹大階梯上，欣賞被群山環繞的繽紛校園，真的會恨不得馬上就能帶著婚紗來拍個婚紗照。

牡丹國小融合了山景、浪漫和童趣，帶另一半來約會拍照，必中啊！而且這邊也不用擔心平日上課時間會打擾到學生，因為從校門到教室，還要經過操場、球場等一大段距離，只要不大聲的喧嘩，牡丹國小隨時都是歡迎大家來拍照參觀的。

隨處可見的 LOVE 裝置藝術，適合情侶拍照。

LOVE 彩色箱背後襯著山景，畫面無敵美麗！

牡丹國小的彩虹階梯。

隨著地上的腳印，漫步在景色優美的國小校園裡。

約會聖地 4 Fabulous Date Ideas

無人打擾的婚紗聖地

如果不是因為我們現在都在北部工作，我也好想來牡丹國小拍一次婚紗啊。相信很多新人在拍外景婚紗時都會非常害羞，因為旁邊總是會有很多路人看，但在牡丹國小就不用擔心啦，這裡根本不太有遊客會來，風景美、裝置藝術又浪漫，真的是非常適合拍攝婚紗的聖地呀！

14 希格瑪花園城堡

📍 宜蘭縣員山鄉深福路 236 號
📞 03- 9233124

天啊！這裡完完全全是浪漫度破表的城堡民宿啊，彷彿就像把歐洲的古堡原封不動搬到蘭陽平原一樣，不得不讚嘆台灣的民宿，真的是越來越厲害了。

從一進希格瑪花園大門開始，就可以感受到民宿主人夫妻倆打造這座城堡的用心，庭園噴泉、宮廷般的城堡就聳立在眼前，讓人恨不得馬上就把婚紗跟西裝拿出來拍婚紗照（滿腦子都想著拍婚紗），裡頭任何家具擺飾都有濃濃歐洲莊園風，公共空間和房間都有超大坪數，城堡內的寬敞舒適感完全展現出來；你可以在庭院的搖椅上慵懶搖晃著；可以在超大浴缸內釋放疲憊，或一早起來在粉紅城堡內用餐，附的早餐麵包、餐點也都是手工製作的哦。

重點是任何角落都超好拍照，女生來這邊絕對可以完成當公主的兒時夢想，不管是約會、蜜月、拍婚紗或求婚，不用花大錢飛到歐洲，在這裡就是非常適合甜蜜小倆口來入住的夢幻民宿了！

背後的建築物彷彿歐洲的城堡。

歐洲莊園般的設計，怎麼拍都美。

白色的餐廳走甜美公主風，在裡面用餐的女生瞬間就變身備受寵愛的公主了。

陽台也是夢幻公主般的設計。

歐洲宮廷風格的家具。

四腳床、蕾絲床帳的公主房。

坐在貴妃椅上欣賞風景，有哪個女生不喜歡呢？

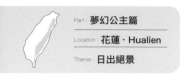
15 新城海堤日出

📍 花蓮縣新城鄉新城村博愛路往海邊方向到底

和心愛的人一起看日出、迎接每一天的第一道曙光，是再浪漫不過的事了！尤其是台灣的東海岸日出，更是身為台灣人一生必看一次的風景啊！但是到海邊看日出，除了要忍受早起睡不飽的艱峻考驗外，女生還要面對有可能被日出的強烈紫外線晒到焦黑的危機，所以身為體貼的男性，一定要讓你的阿娜答在享受浪漫日出的同時，也能夠保持美美的狀態（很重要、很重要的撇步）。

想讓另一半如公主般享受日出風景嗎？我首推花蓮新城的海堤！它位於秀林國中前方不遠處，在堤防上就有一個觀景涼亭，距離海岸可說是非常的近，即便外頭再炎熱、日出再刺眼，女性同胞們也絕對能美美的坐在涼亭裡，欣賞東海岸的微美曙光，坐在海堤上，就可以把遠方筆直的海岸線一口氣拍進去，伴著清晨曙光，在遠方海平面，探出頭的鵝黃色日光向你說早安，你說有多浪漫就多浪漫，超適合戀人們來約會的啦！

坐在海堤旁悠閒地聽海潮。

一望無際的太平洋讓人心情平靜。

新城海堤的日出壯闊美麗，和另一半感受這種無以言喻的感動，
彼此感情會更加堅定啊！

約會聖地 5 Fabulous Date Ideas

迎接第一道曙光的求婚聖地

兩人的感情如果穩定到了一定程度，都有共識
要步入婚姻的話，男性朋友總會遇到必須求婚
的重要時刻，這時候該怎麼求婚呢？要怎麼規
劃呢？要怎麼偷偷進行呢？總是讓人想破頭，
但其實有時或許也不需要大費周章找一堆人來
說「嫁給他！嫁給他！」，然後讓女生被拱著
說出「我願意」。其實只要在對的時刻、好的
地點，就像是新城海堤這裡，面對蔚藍的海景、
兩人一起甜蜜地迎接第一道曙光，美景當前，
肯定可以讓你自然而然說出「嫁給我好嗎？」
這句話的，真心不騙！

一個人看日出也會有迎接光明的感覺，好勵志！

Chapter 2
異國特色篇

出遊時拍一堆美美的照片是一定要的，在台灣也有很多富有情調、媲美國
外的地方哦，不管是異國美食還是特色景點，都可以讓你們享受到不同於
台灣的風情。

抹茶館 Maccha House

📍 台北市大安區敦化南路一段 187 巷 38 號

📞 02-27119555

🕐 平日 11:00 ～ 22:00 假日 11:00 ～ 23:00

人家都說女生有兩個胃，就算正餐吃飽了，只要一提到甜點，不管肚子再怎麼撐，還是可以吃得下去。所以出門約會，男性朋友的口袋裡總是要備著一些甜點店名單，才能滿足女生的第二個胃！

其實不用這麼麻煩，這間抹茶館完完全全省去男性朋友的煩惱，除了招牌的抹茶系列商品外，還有非常多甜食和鹹食任君挑選，正餐和甜點一次解決，滿足二種口腹之欲。

座落在忠孝敦化站後面巷子的抹茶館，是抹茶料理專賣店，白色和綠色的設計是以日式風格為主，簡單明亮。

原本我以為甜點店的鹹食應該不怎麼樣，想不到這家店的鹹食做得非常有水準，就算不是專程來吃抹茶類的甜食，丼飯或拉麵也很值得一試。像是帶點焦香味的蒜香燒牛肉溫泉蛋蓋飯，以及溫醇滑口的奶油明太子烏龍麵，都是在市面上少見的菜單。

蒜香燒牛肉溫泉蛋蓋飯，香酥的蒜片配上鹹甜醬汁的牛肉，再裹上半熟的滑嫩溫泉蛋，拌在一起享受多重口感。

當然，招牌的抹茶商品更是出色，不僅有傳統日式抹茶、可以自己 DIY 的抹茶葛粉，還有經改良後較為西式的抹茶聖代跟抹茶提拉米蘇，如果另外一半習慣在吃飽飯後再來個甜點，抹茶館絕對是值得一去的好餐廳。在這裡貼心小提醒，假日人多，要記得先電話訂位哦！

傳統抹茶，搭配和菓子一起食用，是最經典的組合。

香濃的抹茶拿鐵！

用餐環境舒適明亮。

PappaRich 金爸爸

📍 台北市大安區市民大道四段 102 之 1 號
📞 02-27512181
🕐 週日～週四 11:00 ～ 21:30　週五、六 11:00 ～ 22:00

自從二伯去過馬來西亞旅行後，回來最念念不忘的就是馬來西亞料理，說什麼叻沙（Laksa）有多好吃、烤沙嗲串有多香，我是沒去過馬來西亞啦，無法想像到底有多好吃，但是當二伯知道台灣也開了這家馬來西亞的連鎖餐廳 PappaRich 之後，就吵著要我帶她去吃，在半信半疑之下，也是頭一次吃了二伯口中很道地的馬來西亞料理。沒想到一吃完，還真是驚為天人耶！難怪生意可以這麼好，用餐時間一定都需要先訂位。

「nasi nemark」就是椰漿飯、小魚乾、花生米、水煮蛋、辣醬和小黃瓜的組合，金爸爸的椰漿飯還有一隻咖哩雞腿，吃的時候把椰漿、辣醬和飯拌在一起吃，非常夠味！

金爸爸是馬來西亞的連鎖餐廳，終於來台灣展店，把道地的馬來西亞料理呈現給台灣的消費者，喜歡這一味的朋友請務必來試試看。

姑且不論二伯覺得 PappaRich 的料理已經很接近道地馬來西亞菜，光是我第一次品嚐就覺得好好吃！海鮮叻沙的鮮甜和濃郁，完全融合在一碗麵裡，牛肉和羊肉的沙嗲串，誘人的香料味也讓我一口接一口，舉凡我們所點過的叻沙、海南雞飯、拋餅等等，幾乎都沒有地雷、都好吃耶！讓我在吃完之後，也突然好想手滑刷一張機票飛去馬來西亞，吃看看當地的食物是不是也這麼厲害（笑）！

幾乎沒有地雷的餐點，每樣都好吃！

美生茶餐廳

📍 桃園市中壢區實踐路 223 號 (中原店)
📞 03-4653189
🕐 12:00 ～ 23:00

．．．．．．．．．．．．．．．．．．．．．．．．．

📍 桃園市中壢區新生路 278 之 15 號 (Sogo 店)
📞 03-4225038
🕐 12:00 ～ 23:00

自從二伯去過香港遊玩後，就對香港茶餐廳的美食念念不忘，時常嚷嚷著想飛去香港大吃大喝。你的阿娜答也曾經像這樣，吵著要你帶她去香港玩嗎？沒關係，蔡阿嘎幫大家找到了這家，從裡到外都有濃濃港式風味的茶餐廳啦！

一般在台灣的香港茶餐廳，可能都只有餐點能做到符合香港口味，但這家美生茶餐廳不僅用餐環境、裝潢、餐具比照港式規格，甚至連電視都是播香港節目，用心的程度，讓你好像真的來到香港九龍吃飯一樣，厲害、厲害！

Wonderful!

我最推薦的叉燒蛋撈丁麵，靈魂角色就是麵上那一匙蔥油，油香油香的。

這間餐廳我推薦必點的就是「叉燒撈丁麵」啦，明明都是出前一丁泡麵，但不知道為什麼，茶餐廳做的就是特別好吃！點上滿桌的港式點心，再配上一杯清爽凍檸茶也是一定要的啦！

據二伯曾去過幾次香港的經驗，認為美生茶餐廳的料理口味可說相當道地，味道完全不輸！不用特地飛到香港，就可以好好體驗香港美食。另外提醒大家，一開始端上桌的茶，是讓你洗筷子和湯匙的，不是要給你喝的哦，這是第一次到茶餐廳用餐，最常犯的小錯誤，還好有二伯阻止我（難怪人家說聽某嘴大富貴），哈哈。

這間餐廳的餐點價位都非常親民平實，每樣單品都在 100 元以下，點上滿滿一桌蒸餃、鳳爪、蘿蔔糕、法蘭西多士……也才幾百元，又可以吃得盡興，相當推薦。

LUAU Pizza

繞滿紫藤的木拱門，掛著手繪的門牌。

📍 新竹市香山區元培街 323 巷 5 號

📞 03-5399967

🕐 11:30 ～ 20:30 （週一公休）

在新竹元培科技大學附近，沿一小段蜿蜒而上的山路，就會發現這間有濃濃歐洲小鎮風味的 LUAU Pizza，沒有拒人於外的高牆，有的是夢幻的紫藤花步道歡迎著客人，走進去後，搶眼的粉紅外牆房舍馬上映入眼簾，旁邊座落一幢童話般的窯烤 Pizza 綠色木屋，彷彿會看到七矮人圍繞在小木屋旁哦！

我們這次也很幸運的遇到熱情的老闆，向我們介紹起這裡的經營故事、理念和環境生

入口前有一條木拱門隧道，掛著一串串葡萄般的紫藤花，搭配著旁邊粉嫩色系的建築物，好像來到南歐小莊園一樣。

老闆親手搭建這個 Pizza 屋，用心維護周邊的生態環境，
讓來到這裡的旅客也感受到恬靜悠閒的生活。

柴燒的 Pizza 窯。

態，沒說還不曉得，這裡的一磚一瓦、一草一木，全都是老闆自己搭建起來的，原
本老闆只是蓋來作為好友聚會的用途，沒想到卻吸引了遊客進來參觀，才索性賣起
熟食，好讓大家來參觀時，還有好吃的美食可以享用；並且不定期會在戶外平台舉
辦小型音樂會或是營火晚會，也多虧老闆如此用心的生活，才能在離喧囂市區不遠
的地方，有一個這麼恬靜宜人的園地可以讓大家喘息。如果不趕時間的話，也不妨
可以和老闆聊聊天，這裡的每個角落、每樣家具，背後都有很值得品味的故事。

一磚一瓦都出自於老闆之手，來到這裡可以細細品味樸實又溫暖的小莊園。

歐遊國際連鎖精品旅館

📍 新竹市東區埔頂路 500 號（新竹世界館）

📞 03- 5790088

以前聽到汽車旅館，腦中總會浮現色色的刻板印象，但現在其實許多台灣的汽車旅館，都已轉型成了精緻的精品旅館，來汽車旅館住宿的重點轉變為享受房間裡的各種設施，不會讓人只是想到那檔事了啦（羞）。

尤其像是情侶出遊，就非常適合挑個不錯的汽車旅館來享受一下。這次要大推的是歐遊的新竹世界館，新竹館在 2013 年才開幕營業，裝潢都還很新、很乾淨，完全打破我原本對汽車旅館髒髒舊舊的壞印象。裡面還有二十種風格主題套房，每個房間都對應一個世

房間裡設有一個超大浴池，讓大家可以盡情享受貴妃浴的尊榮待遇！

充滿中東風情的杜拜房，富麗堂皇，就像電影慾望城市中的奢華套房一樣。

界主要的城市，像是有日式風的京都房、摩登的紐約房，我們這次住的是華麗的杜拜房，房間裡頭就附有超大的游泳池、浴缸，還附有蒸氣室和SPA，不用出國到杜拜，在這裡住一晚就好像飛到杜拜度假享受一樣。

另外，可能有些朋友跟我一樣有這個錯誤迷思，那就是「汽車旅館」是不是一定要「開車」才能進去住？ 其實沒有，大家看是要騎機車、騎腳踏車或是走路都可以進來住啦，哈哈。下回不妨也別害羞了，和你的另一半來這兒，好好享受兩人的甜蜜世界吧。如果是朋友一起出遊，住這裡也非常合適，因為房間實在是非常大，要在這裡舉辦單身趴、生日趴都沒問題！

柔軟的床讓人躺下去就不想起來。

整間房間的坪數非常大，完全不覺得擁擠，很適合開 Party。

漫時光咖啡

📍 苗栗縣三義鄉龍騰村 9 之 5 號
📞 03-7878600
🕐 平日／13:30 ～ 17:00　假日／11:30 ～ 17:30

苗栗的龍騰斷橋我去過好幾次，去年環島時還在這邊慘摔過一跤（糗），但我居然不知道在龍騰斷橋附近，竟有這一家超適合帶情人來的咖啡屋耶！（也可能是我單身太久的關係啦）。山林花叢間的小木屋，搭建得好可愛、好可愛，讓人好像來到南歐一樣，雖然我也還沒去過南歐啦（哈），但一走上這條通往木屋的石磚步道，就很有到南歐度假的感受耶。

漫時光的用餐環境和建築裝潢，用了大量的木質板材，讓你坐在舒適寬敞的座位上，喝著有小熊拉花的咖啡、配合外頭的山林鳥鳴，整個被大自然環抱的輕鬆感瞬間油然而生，就如同老闆堅信的店名「漫時光」一樣，在這裡就不疾不徐地，儘管讓時間慢慢流逝，享受只屬於你們的慢活時光吧。

綠草如茵的草地上矗立一幢可愛小木屋，像不像歐洲的田園中會有的景色？在這裡喝上一杯咖啡，彷彿身處風光明媚的南歐一樣。

室內也是以木製家具為主，清爽的配色風格讓人心曠神怡。

白色柵欄上有一個巧思，告示板上會寫上當天的日期，
可以讓旅客們拍照留念，記錄當天在漫時光的美好回憶。

拿鐵咖啡上綴著可愛的小熊拉花。

造橋火車站日式宿舍群

📍 苗栗縣造橋鄉造橋村平仁路 54 號

記得第一次來造橋火車站，是機車環島的途中。當時天色已經昏暗，原本只是單純休息一下，買個飲料準備再出發，沒想到隨意逛進車站後，被這個充滿日本木造平房的車站景象給嚇壞了，天啊！ 苗栗這個小地方的車站，怎麼可以規劃得如此美麗啊？無奈當時天色已晚，無法拍出好照片，留下一個遺憾。所以就趁這次機會，把這個幾乎不會有作者會把它放進旅遊書的造橋火車站介紹給大家。

造橋火車站已經八十歲了，本體建築很有意思，據說是日治時期，當時為了日本裕仁太子來訪而改建，是當時台灣第一座混凝土平頂建築哦。而像這樣日治時代遺留的老火車站，通常旁邊都會配有一個日式站長宿舍，造橋火車站大概是我看過把站長宿舍重新整修得最美的一座了，宿舍庭園還有翠綠水池、日式石橋造景，坐在池畔邊拍照，還會有穿越到日本江戶時代的錯覺咧！同樣的，這樣的鐵道小站，只有少數的在地鄉親會來，也是一個不會被遊客打擾，可以好好約會的祕密景點哦！

日式的木造房屋總讓我覺得有一股細緻優雅的復古風情。

前景是翠綠水池，後面是日治時期的古蹟建築，柳樹垂枝水畔，
整幅畫面就像回到舊江戶時代的日本呢。

警察故事館

📍 彰化縣員林市三民街 14 號
📞 04- 8320114
🕐 09:00 ～ 16:30 （週一及國定假日休館）

想要感受日本風情的日式建築，在員林也找得到哦。這裡原本是日治時期的員林郡役所，經整修後在 2013 年重新開放，規劃成警察故事館。整體建築規模雖然不大，卻顯得古色古香，坐在庭院拍拍照，很奇妙的就有一種讓人心情沉澱的神奇魔力。存放的警察文物史料也相當豐富，記載了台灣從昔至今，各歷史階段的警察記憶。

來這邊如果只是單純欣賞歷史文物、拍拍照那就太可惜了，男性朋友們，記得要結合一下警察大人雄壯威武的精神，戴上館方提供的警察帽，角色扮演一下也好，再跨上停放在館外，一般人很難能獲得許可試乘的警察重機，後座坐著心愛的她，帥氣的拍張照，你說多威風就有多威風，千萬別錯過這個耍帥的大好機會哦（挑眉）。

警察故事館裡有一些相關道具，在這裡可以穿著平常沒機會穿到的警察裝，玩一下角色扮演遊戲。

騎上威風凜凜的警用重機帥氣度就立刻提昇50%！

館藏豐富的警察歷史文物。

從外觀看去，還以為這是日本京都路上看到的民宅，古色古香。

三育基督學院

📍 南投縣魚池鄉瓊文巷 39 號
📞 049-2897047
🕐 08:00 ～ 17:00 （星期六不開放）

南投的旅遊勝地，可不只有日月潭，來到南投魚池鄉，如果沒有來三育基督學院走走，那就太可惜啦！如果光看照片，還真以為這裡是什麼國家公園啊！校園占地有五十多公頃，一個人只要付三十元清潔費，就可以進來享受有如徜徉在英國大學般的景致。

一進校門口就可以看見一個必拍景點，一條兩旁種著筆直高聳樟樹的哲儒大道，它原本的名字其實是「情人道」，後來為了紀念基督書院的高哲儒牧師，才改名為哲儒大道。站在步道上，媲美英國大草原的綠色地毯就在後方當背景，怎麼拍怎麼美，深深覺得光這條大道就值得你花三十元進來拍照了（呵）。其他還有像是學校教堂、戶外音樂廣場都相當適合拍照，每次來幾乎都可以看到有新人在這邊拍婚紗照，如果想要拍遍整個校園，大概需要花 2 小時的時間。隨便坐在草地上、恣意的打滾，走在樹蔭下、舒服的吹著微風，吼～好羨慕這裡的學生，可以在如此漂亮的校園裡上課啊！

學校的行政中心後方規劃成可以聽音樂、看表演的廣場。

整座校園非常用心的整理、維持，無止盡的樹海綠地，
是台灣難得一見的美景。

在天氣清朗的早晨，和另一半來這裡呼吸著青草香氣，看著滿地遍野的小花，
度過一段愜意的慢活時光。

雲中街文創聚落

📍 雲林縣斗六市雲中街

如果有來到斗六熱鬧的市區，別忘記拐個彎到雲中街晃晃。這區藏著一個日式建築的聚落，隱密到可能連有些斗六鄉親也不太曉得它的存在。這裡原本是日治時代提供給警察眷屬的宿舍群，至今大約也有八十年的歷史了，原本的建築早已殘破不堪，但在經過縣政府重新翻修後，不但保留了這幾棟歷史建築，也喚醒這些陳年古蹟的全新生命力。

巨大的樹根顯示這個地方已經有很悠久的歷史了。

台灣各地都有相當多在總督府時期興建，但目前已荒廢、無人居住的日本連棟式宿舍建築，其實只要相關單位願意投注資金來整修、維護，就能像這樣有個讓大家在午後能散步、認識台灣歷史文化的去處。雲中街文創聚落在重新整修後，雖然有些早期進駐的文創商店已經撤離，但現今仍維持得相當清幽乾淨，讓人好像散步在日本古都的街道一樣，少了商家客人的進出，或許也添加讓人更想悠哉漫步在其中的氛圍。

雲中街一隅的巨大彩繪牆。

充滿老房子的街道，讓人忍不住把腳步放慢下來。

這裡約建於日治時期昭和12年，提供警察眷屬居住的日式宿舍，現在經過重新翻修後，成為雲林的觀光亮點之一。

山門石頭咖啡

📍 嘉義縣竹崎鄉義仁村 10 鄰 2-12 號

📞 05-2111828

🕐 11:00 ～ 18:00（每週一、二公休、暑假 7 ～ 8 月不營業）

食材用心挑選過的招牌豬肉火鍋。

請容許我用非常浮誇的形容詞來形容這間「山門石頭咖啡」，這裡簡直就像台灣的「南洋渡假村」啊！整棟高腳屋就座落在山裡的湖畔旁，如果不是熟門熟路的鄉親，根本很難找到這座世外桃源，太有異國情調了，很難想像這竟是在我從小長大的嘉義。

一走進門口就發現裡裡外外都是復古的家具、擺設，老闆的收藏品真是琳琅滿目，老闆夫婦平常就愛到回收場挖寶，很多被丟棄但其實仍還好用的老東西，他們就會拿回來重新整理；也別小看牆上的懷舊電影海報哦，這可都是老闆自己的畫作呢。

用餐環境別緻，料理當然也十分講究，店內招牌就是老闆娘真心推薦的豬肉火鍋，使用的材料都是自己栽種的有機蔬菜，老闆娘還開玩笑的說下鍋前要挑一下，避免煮到漏網菜蟲；所用的豬肉也絕非冷凍肉片，而是高成本的溫體腰內肉，老闆娘也有所堅持的說，因為沒有豬肉可以賣，所以店裡週一和週二都不營業，沒有好東西就索性不做生意，真的是很可愛。來這邊，就點杯冰涼的天然水果茶和柚茶，配著有機美食、坐在湖岸邊吹著涼風，享受被湖水和綠蔭包圍的輕鬆吧！

天然水果茶清涼解渴！

1 ＿ 水上的高腳木屋，是在南洋常見的建築形式，在嘉義也能看到。

2 ＿ 懸掛在牆上的電影海報，是老闆親手繪製的。

3 ＿ 在水畔用餐總是比一般餐廳更涼爽，伴著微風就是一個美好的午後。

竹崎火車站

📍 嘉義縣竹崎鄉竹崎村舊車站 11 號

你坐過阿里山的森林小火車嗎？如果坐過，但卻沒來過沿途經過的這個竹崎車站，那就太可惜啦！竹崎車站是阿里山小火車登山路段的起點，也是台灣目前僅存少數保留完整的檜木車站之一，不要看它外表好像很嶄新、維護得不錯，但其實從 1906 年日治時代建造至今，它已經有百歲的年紀嘍，足以媲美日本當地保存良好的木造車站。

竹崎車站每天停靠的班次並不多，所以來到這邊的遊客，幾乎都是特地來拍照的。如果不趕時間，一定要來坐在木造月台上，取鮮紅色的阿里山小火車當背景，搭配山景、和懷舊日式車站構圖的照片，隨便拍都很有味道。

有著紅色小火車、懷舊車站，以阿里山為背景的構圖，就是竹崎火車站的定番角度

1 ─ 竹崎火車站即將籌備教育基地，讓更多年輕人可以投入
　　維護古蹟遺產的行列中。
2 ─ 火車站的月台也是木棧板鋪成，充滿歷史味。

鹿早茶屋

📍 台南市中西區衛民街 70 巷 1 號

📞 0919-633225

🕐 茶屋：平日 10:00~18:00 假日 09:00 ～ 18:00　餐具：平日 13:00 ～ 16:00 假日 11:00 ～ 18:00

每次造訪台南的巷弄總會有很多不同的驚喜，像鹿早茶屋就是藏在不起眼的衛民街 70 巷內，是由知名的食器店家「餐桌上的鹿早」所經營的。茶屋是由日式的老洋房改建，一進門看到吧檯，就像來到六〇年代的復古西餐廳一樣，但這裡賣的卻是美味的早午餐。茶屋內的用餐桌數不多，不會擠滿人，很適合小倆口約會，脫鞋坐在二樓窗邊的榻榻米上用餐，非常有閒散的日式風情。

用完餐也千萬別急著走，因為隔壁不遠處的「餐桌上的鹿早」，裡頭賣的全都是日本的瓷器餐具，路過不仔細看的話，會以為只是一般的老房，但往裡頭一逛你就會發現，裡面有超多東西可以挖寶，太多漂亮又可愛的日式瓷器一定會占領你的心！有去過日本就知道，日本有很多可愛的餐具，會讓你每個都想扛回台灣，後來才發現其實也不用大老遠跑到日本扛，因為在這裡就有和在日本同樣價格、且品質相仿的好物可以購買了。不要小看不起眼的老房小店哦，日本瓷器控來保證失心瘋的啦！（我就是其中一位，哈哈。）

餐桌上的鹿早販售許多日式生活食器，有碗盤、杯子、木質器具和古董小物。

鹿早茶屋的建築外觀是一棟老式洋房，裡面的裝設著日本的榻榻米，衝突的異趣等你們來體驗看看。

坐在榻榻米上享用著餐點。

鹿早茶屋有好幾種套餐都非常美味，用料實在。

總爺藝文中心

📍 台南市麻豆區南勢里總爺 5 號

📞 06-5718123

🕒 9:00 ～ 17:00

台灣在被日本統治四十餘年後，至今各地都還保留了不少日治時代留下的歷史建築，很多也被重新活化再利用，但很難得的是，像總爺藝文中心占地廣大、可以參觀的園區是少之又少。總爺藝文中心原本是日本明治製糖株式會社的「總爺工廠」及「本社」，現在也保留了當年的辦公室、廠長宿舍、招待所和日式庭園，園區中也可以看到許多百年樟樹群都被完整保留下來，其他也有像傳統技藝、文化產業的工藝，也在園區中有不定期的展覽。

一起漫步在日式的庭院和樟樹步道上，就很有愜意的日式氛圍，而且充滿歷史氣息的感受，喜歡拍文青照的情侶就不要客氣了，只要拿出相機或躺或坐或嬉鬧，總爺藝文中心的任何角落，很容易就能讓你們拍出滿意的回憶哦！

這個木板長廊與日本居室中的鶯張迴廊很相似，走在上面就像江戶時代御台所走在大奧中一樣。

前身是糖廠的總爺藝文中心占地廣大，改建成結合歷史與文創的基地後，整個園區看起來就像日本的名園景觀。

紅磚牆的老屋子拍起來特別有味道。

南洋風高腳屋

📍 屏東縣內埔鄉富田村富豐路 306 號

📞 08-7788819

🕐 週二～週五 14:00 ～ 22:00　週六～週日 10:00 ～ 22:00

「Sa-wa-di-ka！沙哇迪咖！」在屏東內埔鄉的南洋風高腳屋餐廳，走到門口看見碩大的招牌，極具泰國傳統建築風味的高腳屋，就呈現在你眼前！台灣炎熱的國境之南，剛好和這樣的泰國意象絕配。

通常在台灣吃泰國料理，要讓人彷彿置身於南洋泰國的話，一般只能靠店內裝潢、或是料理本身的道地風味，但在這邊卻罕見的可以讓你直接坐在高腳屋裡用餐，廣大的泰式園區造景，無論是木雕、搖床、佛像擺設，到了傍晚涼風徐徐，再加上現在還有

位於屏東內埔鄉有一座完整的泰國建築園區，在這裡拍照打卡，跟朋友說你在泰國，絕對沒有人會懷疑的！

服務人員會熱情的歡迎你，一聲「沙哇迪咖」帶你進入泰國的南洋世界。進來園區會收一百元的入場費，可抵場內消費。

尖尖的屋頂就是傳統的泰式建築。

Live 演唱，真的好像讓人有來到泰國度假般的悠哉。而且我們來的這晚，剛好是排灣族的原住民朋友在演唱，不仔細看，還以為是王宏恩在演唱咧！（笑）

如果不用餐、單純想和另一半來拍拍照感受一下氣氛，可以只花一百元入園就能不限時間參觀，一百元的門票還能抵消費，點杯清涼飲料、赤腳坐在高腳屋裡，就是最泰式、最悠閒的兩人時光啦！

在園區內逛一圈之後，點上一桌道地的料理，這種享受跟在泰國絕無二異。

Chapter 3
超值享受篇

誰說約會就一定要花大錢的呢？蔡阿嘎我最喜歡高 CP 值的事物了，這個
主題我蒐集了各種超值美食、好玩的景點，偶爾想要犒賞自己一下，趕快
翻開來看有哪些好地方吧！

阿水麵線的辣椒真是一絕,加一匙就讓整碗麵線的味道提昇了,你可知道這麵線有多滑順、多香辣、多燙口?受不了啦~好想再來一碗!

31 阿水麵線

📍 台北市士林區美崙街 2 號
🕐 06:00 ～賣完為止

蚵仔麵線可以說是台灣平民小吃的代表之一,幾個銅板就可以飽足一餐,這麼平凡的小吃,為什麼值得讓我放進旅遊書中向大家介紹呢?嘿嘿,不誇張的說:因為這是我打從娘胎以來,吃過最好吃的蚵仔麵線,值得帶另一半來品嚐!

但要吃到阿水麵線可不是這麼容易的哦,因為只開早上時段,從早上六點準時開賣,如果睡太晚保證吃不到,因為大概在短短兩、三個小時內就會銷售一空啦!我想這是為什麼網路上很少阿水麵線食記最大的原因吧?實在是太早開賣又太早賣完了啦!只要六點一到,美崙街上就開始飄麵線香,台北士林區附近的居民們開始紛紛排起隊來點餐,稍微一個閃神,莫名其妙小攤子前就出現一條排隊人龍了,堪稱是士林區的限時美食名店。

阿水麵線的口味不同於一般我們常吃的那種蚵仔麵線,它比較清淡、沒有濃厚膩人的醬油味,麵線裡有大蒜跟筍絲,味道卻不會太重,吃完口氣還算清新,有些麵線吃完後嘴巴會有一股很重的味道,但阿水麵線不會哦。跟二伯第一次吃時,前幾口還覺得怎麼這麼清淡?沒想到吃著吃著反而一口接一口停不下來,而且這一碗麵線內包含了三種配料,有蚵仔、大腸、魚漿,料超多。小碗四十元、中碗五十五元、大碗七十五元,大碗的真的非常大,據說有一千毫升這麼多,這樣的分量、配料和價格,可以說 CP 值超高。

我更要大大推薦他們的辣椒,完全是畫龍點睛、讓麵線好吃到翻過去的調味料。他們的辣椒醬不會死鹹,就是單純的辣,我最喜歡辣到冒汗、和著熱呼呼的麵線,讓整個身體都熱起來了!夏天吃超舒服,吃完冒汗後,突然覺得好清涼啊,身體彷彿吃了人參果一般通體舒暢。吃過阿水後,再吃其他家麵線都會覺得好像料少了點、重鹹了點,完完全全就被它擄獲了貪吃的心。每次想吃的時候,都會甘願一早爬起,睜著惺忪的眼睛去排隊,唉唷~阿水兄呀,為什麼營業時間要這麼折騰人啦!(泣)

小攤子前擺著幾張椅子，後方的內用空間算很充足，由於大家吃麵線的速度還算滿快的，耐心地等一下就可以吃到嚕！（前提是要早起呀！）

短短的二、三個小時，只見老闆不停地盛麵線，阿水麵線的好味道真的是口耳相傳，不愧是士林最夯的限定早餐！

才開店沒多久，人潮就漸漸多了起來

Wonderful !

整碗麵線裡有大塊的肉羹、QQ的蚵仔和洗得很乾淨沒有臭味的大腸，每一口都是滿足！

32 五股水碓觀景公園

📍 新北市五股區水碓九路（憲兵學校後方）

枉費我從大學開始，就在台北生活了十幾年，卻一直到最近才知道，有這一處 CP 值極高的約會聖地「五股水碓觀景公園」，聽這名字好像有點俗氣、有點無聊，殊不知我第一次造訪後，就對它超驚艷！

整個五股水碓觀景公園呈現一個「之」字的形狀，非常特別。環繞著五股山坡而建，一共有 10 層，每層以階梯做連結。這裡有休閒步道、也有單車道，可以邊散步、邊看風景，當作是小小的運動也不會覺得太累。每層都有可愛的數字裝置藝術告訴你現在爬到第幾層了，而且從不同階層俯瞰下去，都有不同的風景哦。風景最漂亮的地方，就在第 6 層的觀景台，可以用幾乎 180 度的廣幅視角欣賞整個台北盆地，旁邊還設有舒適的高腳桌椅區，讓小倆口可以悠哉的盡情放閃談戀愛，保證會讓你們坐上好幾個小時都不想離開哩！

另外，第 7 層的飛機展望台，位置剛好是台北松山機場的航道正下方，只要是下午時段來，就可以欣賞飛機降落秀哦！最後也偷偷告訴大家，如果不想爬山健行、女伴不想流汗的話，其實開車或騎車也是可以直接抵達各層的啦！

沿五股成泰路一段，然後自強路左轉，再往水碓一路一直往前就到了五股水碓景觀公園的路口，這裡有一個小型停車場可以停車。

每一層都有數字裝置標示，看到數字就知道來到第幾層。

景觀台上有吧檯跟裝置藝術做的小椅子，買杯咖啡就能好好享受遼闊的市景。

每一層都有不同角度的景觀，可以將台北、新北市景盡收眼底。

33 可口可樂世界

📍 桃園市龜山工業區興邦路 46 號
📞 0800-311789 （一週前預約）
🕐 09:30 ～ 12：00 14:00 ～ 16:30 （例假日公休）

在北部討生活十幾年了，我居然現在才知道桃園的可口可樂工廠裡，有一個可口可樂世界可以參觀，而且展覽的商品文物，根本堪稱博物館等級了。但沒想到一問北部的朋友，幾乎小時候戶外教學都去過，我真是太鄉下俗了（糗）。

可口可樂世界實在「足感心」，參觀導覽是完全免費，只需要在前一週先預約即可，非常適合喜歡美國文化，或是喜歡可口可樂商品的情侶來參觀約會，裡面舉凡可口可樂相關系列的故事、曾經出過的聯名周邊、各種稀有的限量珍藏瓶身，幾乎應有盡有，能滿足可樂迷的想像；不僅如此，這裡也是非常好拍照的景點哦，復古的美式餐廳吧檯、19 世紀的美國街造景，甚至連「化妝室」都很好拍，沒錯！就是

「廁所」，每間廁所都有不同年代的可樂 Logo 故事可以觀賞，讓你想把每間廁所門都打開來看一看，相當用心！最後要大大稱讚的還有商品部，以往我對觀光工廠商品部的印象，商品價格往往偏高，但可口可樂世界的商品部，便宜到跌破你眼鏡！像是 L 型資料夾竟然只要十五元、限定的可樂瓶身製作，也只要四十元，可說能讓大人小孩都開心得滿載而歸，如果是可樂迷來，那一定會失心瘋到無法自拔瘋狂掃貨，哈哈！

這邊跟大家說一個好康消息，拿著蔡阿嘎這本書到可口可樂世界參觀，就可以獲得一份小禮物哦，兌換時間時間到 2017 年的 9 月 30 日，實在是太「感心」了！

豐富的館藏足以讓你們逛一整個下午。

帶著這本書到可口可樂世界
參觀就可獲得小禮物！

大家還記得這個藍色小人嗎？QOO 有種果汁真好喝～（請大家接唱！）

看到這邊展示的可口可樂聯名商品都不禁讓人驚呼，原來有這麼多品牌和可口
可樂合作過，不愧是地表最紅的飲料啊！

可口可樂的表情瓶，這次也有準備名額要給讀者朋友們哦！

34 眷村博物館

📍 新竹市北區東大路二段 105 號
📞 03-5338442
🕐 09:00 ～ 17:00 （週一及民俗假日休館）

整個園區不收門票免費參觀，相當推薦到新竹來的時候可以順遊一趟。

「非常有誠意，太有誠意了！」這是我們參觀過新竹眷村博物館後的共同感想，內容豐富、有誠意到我們都替它擔心，到底經營不經營得下去啊？這裡真是個 CP 值極高的約會地點，完全不用收門票，有三層樓的展示區，裡裡外外都有很好拍的彩繪牆跟眷村意象，不用花錢、能逛上一個下午、還能拍出許多好照片，不來逛一下就太可惜啦！

牆上有許多有趣的彩繪，快發揮你們的創意，一起來拍照吧。

新竹風城原本的眷村文化就相當豐富，館內把新竹原有的四、五十個眷村文物故事，通通都搬進了這三百多坪的展示空間內，大概是我在台灣看過規模最大，史料也是最豐富的眷村展了，尤其還是全台灣唯一展出神祕部隊「黑蝙蝠中隊」文物的地方耶。即便我們不是在眷村長大的孩子，也沒有經歷過那個眷村年代，但這些專屬於台灣的共同記憶，每幅畫、每樣擺設，都足以讓我們駐足許久。無論是想體驗、或是想懷念眷村生活的克勤克儉，都非常推薦來品味這些竹籬笆內的光陰故事哦。

室內展示著移民潮時代，渡海過來的老兵和眷屬的日常生活。

黑蝙蝠中隊是中華民國的私密偵察部隊，在兩岸冷戰時期，執行敵軍的領空偵察任務。

仿照早期眷村中的麵攤，這裡可以看到以往的飲食生活。

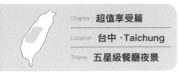
35 丹堤咖啡旋轉餐廳

📍 台中市梧棲區台灣大道八段 699 號 25 樓（童綜合店）

📞 04-26562293

🕐 07:00 ～ 22:00

嘿嘿，你不知道吧？台灣有個在醫院樓上的旋轉餐廳哦，丹堤咖啡就開在台中童綜合醫院的 25 樓，得天獨厚的地理位置，擁有百萬夜景，但卻只要花你百元的消費，這麼棒的約會景點，你還在等什麼？

老台中人都知道，原本這裡是比較高檔的牛排館，不過現在是改由平價的咖啡廳來經營，這對小資情侶檔來說，可說是天大的福音呀，因為不用花大錢，就可以享受到五星級的餐廳夜景，環繞 360 度、把台中港的夜景跟海景完全盡收眼底，可說是超值又省錢的約會場所啊。

不過如果你跟蔡阿嘎一樣，內耳半規管不是很發達（就是比較容易頭暈啦），容易轉一轉就頭暈的話，那就可以自己先來體驗練習看看，以免約會到一半頭暈想吐，那就太糗啦！（笑）

店內的座位安排不擁擠，座位都安排在窗戶邊，
讓客人可以欣賞到美麗的景觀。

想要看到台中的百萬夜景，丹堤旋轉餐廳就是一個好地方，還可以用餐、喝咖啡，舒服地享受。

在台中童合綜合醫院上面的連鎖咖啡廳，圓弧型的景觀台就像五星級餐廳一樣，卻只要平價就可以享受到。

36 日藥本舖 U虎樂園

📍 台中市西屯區福星路 450 號
📞 04-27070215
🕐 11:00～凌晨 23:59

最近到日本旅遊正夯，每當看到 Facebook 上朋友 PO 出滿坑滿谷的戰利品，是不是讓人又心羨又嫉妒，恨不得馬上飛到日本藥妝店瘋狂大血拼？但也不是每個人都有假期和金錢可以常常到日本旅行，現在不用這麼麻煩、也不用看著別人的 PO 文流口水了，台中的日藥本舖 U 虎樂園就能滿足你這個小小心願。

這邊除了日本進口的藥妝商品應有盡有外，在頂樓還有一個充滿日本昭和時代懷舊氣息的 U 虎樂園可以玩耍拍照，而且是完全免費哦！無論是仿照日本的大阪通天閣、道頓堀固力果先生、心齋橋商圈或者戀愛神社，拍起照來，都會讓你好像真的置身在日本一樣。沒有辦法到日本旅行嗎？沒關係啦，來這邊拍拍照、過過癮，也是一種小確幸啊！

和日本一樣豐富的藥妝店，不用出國也可以滿足購物的欲望。

復古的心齋橋車站。

仿照大阪的心齋橋道頓堀的購物街招牌，有著大大的章魚、螃蟹、河豚等裝置。

小型的固力果廣告招牌。

戀愛神社可以祈求戀情順利。

37 丁丁咬一口

📍 台中市沙鹿區四平街 178 號
📞 0988-463653
🕐 15:00 ～賣完為止

只要一個銅板就可以享用到美味點心。

男性朋友們和女性友人出門約會，如果想吃個午後小點心，又不想花大錢吃高級下午茶的時候，該怎麼討女生歡心呢？這時候蔡阿嘎就要推薦給你這家，丁丁咬一口雞蛋糕啦。

雞蛋糕是我們台灣很普遍的傳統小吃，在夜市、商圈時常看見它的身影，我想最讓人難以抗拒的就是濃濃的麵粉香了。以我來說，比起西式甜點，我更喜歡雞蛋糕這種點心，「刷嘴」又不膩還有飽足感實在太棒了。雞蛋糕可以說是大部分人都不太討厭的不敗點心，而丁丁咬一口的雞蛋糕還有一個小心機，那就是「貓掌」造型的乳酪口味雞蛋糕！

丁丁是老闆養的愛貓，所以雞蛋糕也做成貓掌樣式，可愛的貓掌肉球胖呼呼的非常療癒。

雞蛋糕的香甜味道一散發出來，就有許多客人聞香而來，常常一開店就有排隊人潮。

這家位於沙鹿的丁丁咬一口在三山國王廟和巨業車站附近，其實這個店名還有一個很可愛的來由，老闆說，蘋果的 iPhone 6 當時造成大排長龍的購買潮，既然「蘋果咬一口」可以大賣，那貓咪丁丁這麼可愛，咬一口應該也可以大賣，是不是很有趣呢？

每到下午老闆一開鍋，客人就紛紛聞香而來，當老闆把麵糊填入燒燙的模具中，麵糊的香甜味飄滿街，熱呼呼的雞蛋糕出爐後，一個個圓滾滾的落在鐵盤上，伴隨著雞蛋糕誘人香氣，保證會讓女性同胞直呼「好可愛哦！」（手比愛心）

可愛歸可愛，如果口味不 OK 我也不會介紹，以我嘴大吃四方的經驗，可以拍胸脯保證「行」，你們可以放心來！這貓掌雞蛋糕外皮，烤得薄脆酥香，一口咬下乳酪還會牽絲咧。每天的麵糊都有限量製作，賣完就收攤，老闆講究吃得健康，所以麵糊裡也沒有添加泡打粉，就算冷了也不會扁塌、有怪味。花少少的銅板價，就可以擄獲另一半的芳心，實在是太划算了，真心不騙。

Wonderful!

剝開貓掌雞蛋糕就會有香濃起司流出來。

38 水林蔦松藝術村

📍 雲林縣水林鄉松中村蔦松路

在台灣約會旅遊，如果那些都市的景點都玩膩的話，建議大家也可以往較鄉下的村鎮前進，有很多或許是你聽都沒聽過、也或許是你這輩子都沒去過的地方，可能都會有很多意外的收穫哦！像雲林的水林鄉就是這樣的一個地方，雖然我是南部鄉下小孩，水林鄉也不是沒來過，但以前印象中，水林鄉就只是個種番薯的鄉下地方，應該也沒什麼好玩的，殊不知隨著時光推移，現在再回到水林鄉一看，竟有這麼多有趣的景點可以造訪。

番薯是水林鄉的人氣作物，蔦松藝術村以番薯為主題，試著讓年輕一代重視這項農作物。

蔦松國小對面的番薯會社，門口有一對紅色的對聯很引人注目，雙扉的木門寫上「甜、芳」兩字，用台語唸就是甜、香的意思啦！

我們最喜歡在彩繪村中找尋有趣的背景，和背景互動，就可以拍出很棒的照片。

蔦松國小對面的候車亭充滿拼貼成地瓜葉的馬賽克磁磚，座位上方還有兩顆可愛的番薯跟你打招呼。

來到蔦松藝術村，大家可以把蔦松國小的彩繪校園作為起點，來到校園中你就會看到，以當地農產——番薯作為特色的各式各樣繽紛彩繪牆及裝置藝術，拍起來就是這麼可愛，而且假日來幾乎也沒什麼遊客，可以自在的逛逛校園。逛累了，推薦你一定要到在地的柑仔店買個飲料跟零食吃，這種傳統的柑仔店真的很少見了，很神奇，平平都是飲料，你不覺得在柑仔店買的就特別好喝嗎？像我這位童心未泯的中年大叔，這次也在柑仔店買到超有趣的玩具，有挖到寶的快感，算是這趟旅行最大的收穫了。

社區裡還有傳統的柑仔店等你來挖寶。

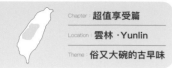
39 光明鱔魚麵

📍 雲林縣北港鎮光明路 10 號
📞 05-7838674
🕐 15:00 ～賣完為止

來來來！要向大家隆重推薦，這是老婆大人二伯說什麼也要推薦給大家的超值美食，二伯用二十幾年北港人的信用作擔保，推薦這家她從小吃到大的六十年鱔魚麵老店，保證好吃又便宜，不好吃不用錢啦！（誤）

這家光明鱔魚麵就在熱鬧的北港朝天宮大街前的巷子內，外觀是一般老房子沒有招牌，

這是二伯從小吃到大的美食，如果不是在地人根本不知道，
推薦大家來吃吃看！

但在地鄉親都會來光顧。吃過不少好吃鱔魚麵的我，其實原本也對二伯的推薦半信半疑，但吃過後就知道二伯說話真的很實在！能把鱔魚炒得這麼脆口、這麼香，真的很厲害耶！尤其一定要搭配這種能巴著醬汁的傳統油麵，吃完一盤肯定讓你覺得不過癮想再續盤。而且價格也十分實惠，這麼大碗、鱔魚這麼多的羹麵只要七十元、炒麵也只要八十元，很適合情侶一人點一種來分著吃。不過很可惜的是，聽老闆說第三代應該是不會繼續接手經營了，等到老闆退休後，這令人懷念的滋味就再也吃不到了，想吃的朋友動作一定要快哦！

傳統的油麵香滑順口，可以巴住酸甜的醬汁，非常有味道。

店面就在巷子裡，是隱藏版的美食。

40 秀里蚵嗲

📍 台南市將軍區鯤溟里 100 號
📞 06-7920886
🕐 11:00 ～ 18:00（週二公休）

鏘鏘！我和二伯要在這邊正式地，將我們一致認為是全台灣最好吃、CP 值最高的蚵嗲推薦給大家，就是這家秀里蚵嗲！在青山漁港旁賣了近五十年，沒有做任何行銷、沒有廣告，就靠在地鄉親的口耳相傳的好口碑，現在一到假日，要吃塊蚵嗲你就必須要等到天荒地老！

會這麼受歡迎靠的就是那料多實在、蚵仔大顆新鮮的好滋味，一般蚵嗲很容易炸到有臭油耗味，但秀里蚵嗲真的沒有耶，外層酥脆不打緊，還吃得到裡頭爽口的蔬菜和蚵仔的

小攤子看似不起眼，但用料實在、價格平實，要吃一口都得排個老半天。

鮮甜，而且這麼一大顆只要三十元！其他的海鮮炸物也很不得了，超過手掌大的炸吳郭魚，只要四十元，這四尾比任何日式炸蝦都還要好吃的草蝦酥，也才一百元而已。

兩個人一起同享午後的炸物時光，既享受又不用花大錢，天啊！你說 CP 值高不高？要吃到這麼新鮮且便宜的海鮮炸物，現在真的要到南部的在地漁港旁才有辦法吃到了，如果假日來發現人潮眾多，不妨也多點耐心，因為它真的值得你排隊吃上一口唷！

碩大的蚵嗲有滿滿的蚵仔和韭菜，鮮香味十足。

旁邊的青山漁港可以看到許多小艇，了解當地漁民的生活，非常在地的漁家風景。

漁港旁有許多牡蠣殼，在這裡吃到的牡蠣新鮮看得見。

41 替人著想小餐館

📍 高雄市小港區鳳福路 31 號

📞 07-8011521

🕐 週二～週五 11:30 ～ 14:30 、 17:00 ～ 21:00 週六～週日 12:00 ～ 14:00 、 17:30 ～ 21:00

「食物，是我們用來傳遞情感的媒介」，店名如服務般的「替人著想」，這家廣受到高雄在地人歡迎的義式小餐館，每到用餐時間就座無虛席，位在小港不起眼的住宅區內，只要花八十元就可以吃到水準之上的義大利麵、燉飯，花一百五十元就可以吃到各種口味的烤 Pizza，兩個人點一份麵跟一份 Pizza 就可以吃飽，可說是小資約會吃義式料理的最佳首選，CP 值超高！

當然料理口味也完全不馬虎，每週店家還會很貼心的在官方 Facebook 上公佈本週的菜單，所以每次去幾乎都會有不同的午餐種類可以選擇。這麼「感心」的小餐館，背後的故事也相當感人。當年主廚在學生時期，深刻感受到在外生活的不易，因此在創業後，也想讓這些辛苦在外打拚的孩子，能用便宜的價格滿足的享受到一份高級料理，才會有如此親民實惠的價格產生。誰說一定要花大錢進高檔餐廳才能享受好料理？坐在騎樓下享用的平價美味，兩人約會就是這麼甜蜜享受，蔡阿嘎激推！

餐點的口味常常替換，會寫在門口的小黑板上。

用料實在的大 Pizza 只要 150 元就吃得到，完全不輸大餐廳的水準哦。

義大利麵的口味多變，高貴不貴。

42 C果子果汁

📍 高雄市大社區中山路 408 號之 3
📞 07-3582883
🕙 10:00 ～ 22:00

還記得在第一本旅遊書中，我曾介紹過嘉義的 C 果子分店，可惜它已經歇業，好一陣子我都喝不到。但在得知總店其實在高雄時，每次到高雄就一定要再來懷念一下這個好滋味；C 果子可說相當受到當地學生們的歡迎，因為能用便宜的價格喝到實在又好喝的果汁真的很難得！

三餐老是在外的人，蔬果攝取量常常不足，能天天喝一杯天然的蔬果汁真的是再好不過

完全用新鮮水果製作的果汁，跟濃縮果漿、香精完全不一樣！

了，我會這麼推薦C果子就是因為它整杯都是滿滿的新鮮水果現打的，尤其是牛奶系列跟鮮果系列最深得我心。水果牛奶的比例抓得剛剛好，真的是黃金比例！喝得到奶香也不會蓋過水果的香甜味，兩種融合在一起相得益彰，感覺就像我跟二伯牽手繞圈圈一樣美妙啊～（是否想太多了），而鮮果系列的食材都是挑選當季的水果，品質看得見，不是用快壞掉的水果蒙混過關，讓你覺得喝的不是水果，而是健康啊！

我們最推薦的就是冬天限定的草莓牛奶了！店家很誇張的用了半杯新鮮草莓，再加上純牛奶打成，你就可以想像那是有多夢幻又好喝；到了夏天，當然就首推當季的芒果牛奶了。店裡面其他700c.c.果汁的價位也都是落在四、五十元左右而已，店家也堅持店內的用糖一定要是自己熬製，難怪喝完都有不同於其他果汁店那種甜膩的感受，所以每次去喝，我們都會跟老闆開玩笑說，為什麼不來台北開店啦？我們一定會每天都去捧場！

1 _ 無論是水果汁或者蔬果汁，每天來上一杯對健康真的很有益處！
2 _ 裝滿水果杯的冰箱。
3 _ 冰箱裡可以看到一杯杯裝滿水果的備料，童叟無欺。

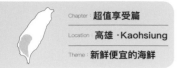
43 蚵仔寮漁港

📍 高雄市梓官區漁港二路 32 號

蚵仔寮市場旁邊有一處小沙灘，遊客不多反而可以好好享受美景。

到高雄玩一定要來品嚐漁港的新鮮海產，但比起廣為人知的旗津漁港，一到假日海產街總是充斥遊客，我更推薦大家來在地人較常光顧的梓官區蚵仔寮漁港，這裡其實更加好吃、好玩又好拍哦！蚵仔寮漁港較無吵雜的觀光人潮，卻同樣有新鮮漁貨和海鮮美食可以享用，且價格更是便宜許多。

蚵仔寮除了觀光市場外，旁邊不遠處的沙灘和碼頭，我覺得更值得一逛，平坦的沙灘上幾乎沒什麼遊客，教大家一個最幸福的玩法，就是買一袋價格便宜用料實在的酥炸海鮮，和阿娜答一起坐在沙灘旁的防波堤上享用，看著繁忙的漁船來來往往，吹著海風、聽著海浪汨汨拍打著岸上的細沙，當退潮時，沿著防坡堤的肉粽角一直走，就可以看到很多小螃蟹在海藻間穿梭，花少少的錢就能享受這樣愜意的甜蜜約會，實在太棒了！

活跳跳的水產任君挑選。

小炸攤的炸物都是用活海產製作的。

肉粽角的防波堤，是西南部海邊常見的名產。

44 龍目社區啞巴冰

📍 高雄市大樹區龍目里龍目路 11-2 號

📞 07-6515761

🕐 07:00 ～ 21:00

招牌看起來年代久遠，已經有點斑駁，是老店的證明。

你相信現在還有一杯只要十元的芋頭冰嗎？ 而且是真材實料、絕非添加化學原料的哦！高雄大樹純樸的龍目社區，就還存在這樣的一間冰店，一賣就是四十年。店名之所以稱為啞巴冰，不是因為老闆是瘖啞人士啦，是因為這裡的冰會讓人好吃到說不出話來，所以才稱作啞巴冰。

小店裡空間不大，賣冰也兼賣零食。

但我覺得老闆浮誇了啦，因為我們才吃了第一口芋頭冰，就馬上驚呼「太真材實料了吧！」根本讚不絕口，不會說不出話來呀，哈哈。這裡的招牌是古早味的香蕉水清冰，只有簡單的牛奶、鳳梨、梅子口味，一杯只要十五元；但令我們最驚豔的，是一杯十元的芋頭冰，看到冰我不禁好奇，為什麼沒有呈現漂亮鮮豔的紫色？一般在市面上看到的芋頭冰顏色不是都比較深嗎？這是因為老闆用扎扎實實天然的芋頭製成的呀！入口就嚐得到自然芋頭香，問老闆怎麼會賣這麼便宜？老闆笑著說：「我賣了幾十年都沒漲過價，薄利多銷啦，要賣給附近小朋友吃的不能太貴！」真是太佛心了啦老闆！

店裡還賣有許多懷舊的零食餅乾，都是都市內很難找得到的品牌了，想懷念一下那些伴隨我們長大的場景嗎？坐在店裡的小板凳上、手拿著復古零食、吃著十元古早冰，高雄龍目社區這裡還找得到哦！

香蕉水清冰、芋頭冰只要銅板價，濃濃的古早味，讓人回想起小時候吃冰的幸福感。

琳瑯滿目的傳統糖果零食是我小時候的回憶，在沒有連鎖超商的時代，柑仔店是我們孩子的百貨公司。

45 火盛製餅舖

📍 台東縣關山鎮中山路 90 之 1 號

🕐 08:00 ～ 22:00

來到台東的關山，吃完有名的關山便當後別急著
離開哦，在關山鎮上藏著一家從日治時期開始傳
承三代的麵包店──火盛製餅舖，是來到台東關
山不能錯過的必買好店啊。我會知道這家老店，
也是因為關山的在地朋友說他從小吃到大，在他
大力推薦之下，我一吃就愛上。

架上的丹麥吐司是店裡的招牌麵包。

店內的招牌就是一大條的紅豆吐司，不要看它外
表樸實不起眼哦，裡面包的紅豆是萬丹紅豆，店
家精心挑選、熬煮而成，用料實在，紅豆量放得
一點都不手軟，幾乎每一口都能吃到一大坨紅豆
不誇張！紅豆口感綿密之外，還能咬得到扎實的
紅豆顆粒，煮得恰到好處，而且這麼大一條只賣
一百二十元耶，CP 值超高，對很多喜歡吃紅豆的
女性朋友來說，真是一大福音啊。其他店內像是
奶油麵包、丹麥吐司，在我們吃過一輪之後，也
都非常推薦，吃得到老麵包店的實在，也吃得到
老店對於品質的堅持。

關山當地的人氣店家，如果有來關山玩，記得要帶幾個麵包
回去當伴手禮哦！

在台東的好山好水風景中品嚐美味的麵包，真是人生一大樂事！

切開吐司可以看到裡面滿滿的紅豆餡，幾乎都要比麵包體還要多，每一口都吃得到香甜綿滑的紅豆，大大的滿足。

Wonderful!

Chapter 4
私密世界篇

台灣的許多知名景點每到假日常常塞滿遊客，如果想要好好約個會，看到
擠得水洩不通的人潮，興致也會被大打折扣吧！如果你們喜歡不被打擾的
祕密基地，這個主題最適合了。

金瓜石黃金神社

📍 新北市瑞芳區金瓜石金光路 8 號（黃金博物園區）

如果有去過九份旅行的話，通常也會順便到附近的金瓜石黃金博物館逛逛，但金瓜石這邊還有一個特別的「黃金神社」，是比較少遊客會到訪的。不是因為不好找或是不漂亮，而是因為它必須耗費一些體力，要沿著指標一步步爬上長約 600 公尺的石階梯才能抵達。慢慢走的話必須花費 20 分鐘，不過上面的風景，真的非常值得大家費時費力爬上來哦。

離金瓜石黃金博物館還有一小段路程的黃金神社，不會被九份的遊客叨擾，而且鮮少人會來這裡，是鬧中取靜的好去處。

黃金神社地勢比較高，可以俯瞰金瓜石山景，風景怡人。

黃金神社是日治時期所建造，原本奉祀的是大國主命、金山彥命與猿田彥命，也就是當時金瓜石礦業的守護神，雖然現在神社的主建築已經不復存在，但留下的鳥居、石燈籠與石柱，反而還讓這個歷史遺跡更添增了日本文化的韻味。站在神社上可以俯瞰左右被基隆山、茶壺山包圍的金瓜石山景，遠方就是蔚藍的無敵海景，和阿娜答牽著手在這邊享受片刻寧靜，如果你們是跟我們一樣哈日的情侶檔，下回到金瓜石時，就一定要繞上來瞧瞧哦。

沿著指標走，要步行一些山路跟階梯才能到黃金神社，雖然累一點，但上面的風景很值得走一趟哦。

崎頂火車站子母隧道

📍 苗栗縣竹南鎮崎頂里北戶 55 號

想要在旅途中，享受不被打擾的兩人世界，往無人駐站的火車站走就對了！ 尤其像是倚伴在海岸的崎頂火車站，風景美氣氛佳，停靠班次不多，所以來往的乘客也少，即便是假日也不會有太多觀光客來呢。可愛的藍白色火車月台、木頭等候坐椅，用快門捕捉火車疾駛而過的瞬間，就是鐵道迷們最愛拍攝的景象了。

逛完火車站往斜坡上走，還有這兩個景點值得停留，會先到的是能一次拍到風車、海洋與鐵道火車的觀景台，再繼續往上走約 5 分鐘，穿過綠蔭隧道，就可以抵達子母隧道，

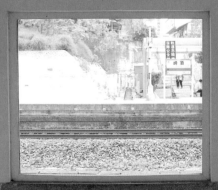

我非常喜歡無人火車站，可以避開人群的紛擾，好好沉澱一下心情。

崎頂火車站旁有一個觀景台，沿著指示往上爬，就可以看到這個火車站準備的驚喜——美麗的海景和鐵道風景。

這裡是日治時期就建造好的鐵路隧道，不過因為鐵路電氣現代化後，隧道高度已不敷使用而廢棄，不過當年的鐵道與隧道也都完整的保留了下來，如果你再仔細看看隧道壁岩上的坑洞，有些都是當年二戰遺留下的子彈痕跡哦，在這邊散步，就像走進歷史時光隧道一般，超有情調耶！

走到子母隧道，這個畫面好像神隱少女千尋一家看到的隧道景象，更添一股神祕感。

子母隧道是兩段隧道，一長一短，相距 50 公尺，所以稱為子母隧道。

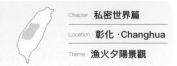
芳苑燈塔王功夕陽

📍 彰化縣芳苑鄉王功村漁港七路 146 號

🕐 4/1 ～ 10/31 09:00 ～ 18:00 、 11/1 ～ 3/31 09:00 ～ 17:00 （週一不開放）

彰化王功除了可以吃到新鮮蚵仔、體驗蚵農工作之外，情侶來到這邊如果不想下海玩得髒兮兮，那就一定不能錯過芳苑燈塔旁的夕陽景致，芳苑燈塔 1983 年才建造好，所以相當年輕，是現今台灣高度最高的燈塔哦，黑白相間的高塔、純白的外牆、搭配藍天白雲，拍起照來相當好看。

黑白條紋的芳苑燈塔相當特別，跟一般看到的全白燈塔不太一樣，
矗立在海邊拍起來非常好看。

參觀完燈塔的黃昏時分，就趕快繞過燈塔旁的堤防，放眼望去就是台灣西部最美的夕陽了，坐在岸邊退潮時浮現的大石頭上，岸上後方有白色風車、前方沿海有船筏蚵田，接著黃澄澄的夕陽，就緩緩沉沒在遠方的海平面，哦！天啊！你說這景色是不是浪漫到破表？你儂我儂的情人私密景點，就在王功夕陽海岸！

1 — 王功是一個漁港，海邊常常會見到漁家的小船。
2 — 遠方有幾支巨大的風力發電風車，想要看風車和燈塔，這裡就可以滿足兩種願望。
3 — 王功這裡有許多蚵田，每當夕陽西下時，紅澄澄的晚霞把整個海面染成絢麗的橘色，非常漂亮！

49 柴山小漁港

📍 高雄市鼓山區柴山路 41 之 2 號（再往海邊走）

通常大家來高雄鼓山區玩，一定會去欣賞西子灣海景，還有上柴山尋找獼猴蹤跡，但有一個祕境柴山小漁港，其實就在翻過一段不遠山路的轉彎處哦！循著地址導航，會抵達漁港上方的餐廳，接著再走下前方階梯就可以到達了。

柴山小漁港有著十足的遺世感，面對著台灣海峽，剛好就是一個可以眺望海洋的迷你海灣，沒有喧囂的車流聲、也沒有人擠人的遊客，有的只是幾位當地的漁家大哥會和你親切的聊聊天，這天我們來，也遇到一對來爬山運動的老夫婦，問他們平時這邊人多嗎？他們說即便是假日也沒什麼人會來，多適合約會的私密景點啊！ 兩個人絕對可以不被打擾地好好享受這片安逸海景。

私密的海邊最適合恩愛放閃了，像我這樣的巨星（誤）就是要來這種地方啊。

1 ＿ 這個沙灘其實不大，5 分鐘內就可以繞完，除了偶爾有漁家在這裡整理漁網以外，
簡直就是包場。

2 ＿ 當地的漁民正在為下一趟出港做準備，看著他們整理漁網、整修小船，認真的生活
態度讓人覺得很感動。

3 ＿ 這個祕境沙灘需要從一個階梯走下去才能找到。

門馬羅山夫妻樹

📍 屏東縣滿州鄉永南路 7 號 （右轉進入口）

還記得以前電腦 windows 開機桌布是一個大草原的畫面嗎？來到門馬羅山這邊真的是一大片遼闊的大草原！

要爬上這夫妻樹的小山坡，一般遊客無法乘駕吉普車入山，必須靠腳力行走，從入口處開始大概需要走個 20 分鐘，一路上幾乎都是踩著草地的爬坡路段，所以和另一半就要手牽著手一起抵達。站上夫妻樹的瞬間，360 度翠綠的山巒草原就活跳跳的跟你們 say hello！絕對會讓你們想在樹下呆坐個 30 分鐘都不想離開。

夫妻樹已經有超過百年歷史了，在山頂上互相依偎著，也為許多戀人見證愛情，但有一次颱風把妻樹吹斷只留殘根，後來滿洲鄉村民不忍夫樹孤獨，特地為夫樹續弦，再迎娶一棵年輕的木麻黃雌樹，特地舉辦了隆重的婚禮，非常有趣！所以上山之後可以看到壯大的夫樹、妻樹大姊殘根和新嫁娘小妻樹綁在一起的神奇畫面。

但我想夫妻樹之所以稱為夫妻樹，不只是剛好兩棵樹座落在山頂的意象而已，兩人一起上山頂享受這美景，必須攜手同心協力的一步步走過，能通過這段山坡考驗的，也才能稱之為夫妻啊！你說是不是？

門馬羅山名字的由來也蠻有意思的哦，相傳是前人剛來到當時這邊一大片深瓊麻林時，很容易迷路走失，因此戲稱是「摸無路山」（台語），到了現在才把字改為好聽的「門馬羅山」，相當有趣！

原本是兩棵樹，某次颱風過後，妻樹攔腰折斷只剩下殘根，後來村民又替夫樹迎娶新妻，在旁邊種一棵木麻黃，用紅絲繩將兩棵樹繞在一起。

門馬羅山的草原相當大一片，搭配上南部晴朗的好天氣，景色非常美麗。

兩人感情與信任的試驗聖地

再次向大家重申，這個門馬羅山、尤其要走到夫妻樹，真的是不太好爬，而且眼前就是一大片草原海，如果方向感不是很好的話，搞不好會走不少冤枉路。這時候就是兩人感情的考驗時刻了，為了站上夫妻樹欣賞美景，男生牽著手在前方探路指引，女生也必須耗體力一步步跟著前進，這段路程就像人生一樣，可能很累、可能很辛苦、也可能會吵架不愉快，身邊的這個人，是不是能和你一起攜手走過的那個她（他）呢？嘿嘿，就且看這趟旅程啦！

前往夫妻樹的路途有一些辛苦，這時候就是要兩人手牽手堅定的一起克服困難哦！

枋山車站

📍 屏東縣獅子鄉內獅村內獅巷 84 號

你知道台灣最南端的車站是哪一個嗎？就是「枋山車站」啦！枋山由於位處偏僻，所以目前已經是無站務員的招呼站，一整天下來也只停靠四班列車而已，連在地人都不太會來，更別說是觀光客了，因此枋山車站被鐵道迷們認為是很神祕的祕境車站，也因它如此的人煙罕至，私密約會景點就非它莫屬啦。

雖然枋山車站使用率很低，但其實它出乎意料的又大又乾淨哦，且背山面海的地理位置，讓你站在懷舊的月台上，就能拍出筆直通往隧道的鐵道美景；站在車站前往山下一看，太平洋就剛好在你眼前，是看海賞日落的絕佳私密景點，重點是無論平假日來，都幾乎不會有旅客打擾，最適合喜歡探索祕境車站的情侶們了，蔡阿嘎大大推薦啊！

這裡也是一個阿嘎很推薦的無人招呼車站，枋山車站在鐵道迷的心中是一個很神祕的車站，中間這個島式月台左右都有鐵道包圍。

這不是家暴哦（我怎麼捨得呢？）看到柱子上的警察抓壞人的告示覺得很有趣，就來 KUSO 一下！

看起來其貌不揚的車站，其實維持得很乾淨，到南部旅行的途中不妨停一下。

聖都 VILLA

📍 屏東縣恆春鎮興北路興東巷 32 號
📞 08-8881617

情侶出門約會，最重要的就是要好好享受兩人獨處的甜蜜時刻，尤其是住宿的選擇更是重要，距離墾丁也不遠的恆春聖都 VILLA，真的是我目前在台灣住過最棒的 VILLA 民宿了，而且價格也很實在絕不誇張！

很多 VILLA 可能都單純只是包層或是小木屋的空間，就已經算很不錯了，但聖都這邊的 VILLA 是兩個人就可以包棟！包棟耶！（太過激動要強調兩次）而且還有個私人游泳池哦，房間的設備服務，無論是浴缸、盥洗備品、卡拉 OK、零食飲料、可以點餐的早點，可說是應有盡有而且乾淨無比，處處都能感受到尊榮的待遇，等於就是在民宿享受五星級飯店等級的服務了。雖說我覺得出外旅行就該到戶外走走，不應花太多時間待在民宿裡，但聖都 VILLA 的魔力真的太強大，會讓你甘願早點結束白天行程，回到房間裡泡個澡，也讓你想少睡一點，早起游個泳，接著享受悠哉的早餐時光。南台灣的兩人甜蜜度假行程，就該是這個樣子啊！

VILLA 的內部，是兩層建築，不像一般住宿只是一個套房或單一樓層，包棟的感覺真的太爽啦！

1 — VILLA 的外面有一個專屬游泳池，這根本是海島度假的等級，下午閒來無事就可以到游泳池旁喝飲料、游泳，人生一大享受啊。

2 — 看到這一桌麻將，不禁讓人覺得有趣，跟三五好友在這裡住宿根本完全不想出門了呀！

3 — 想要一邊泡水一邊喝著清涼飲料嗎？來這裡就對了！

卡悠峯瀑布

📍 屏東縣獅子鄉枋山村 （台一線屏鵝公路 451.8K 處沿指標進去）

想要和愛人一起欣賞優美的飛瀑流水，不用跑到深山野嶺、爬山爬到狼狽得滿身大汗，卡悠峯瀑布只需要花你 15 分鐘的時間，輕鬆走過 500 公尺的階梯，就可以欣賞到啦！

卡悠峯瀑布真的是親民又隨和，是一個非常適合約會踏青的瀑布景點，鮮少運動的我們，從登山起點開始，可說幾乎都沒流什麼汗，走著走著就抵達了耶。即便是夏天來，這 500 公尺的階梯步道，也會讓你走來感覺有十足的涼意，還在邊享受山巒美景和森林浴的時候，你就開始聽到飛瀑涔涔的流水聲了，可以近距離看著 20 層樓高的流水從天而下，水量也不會讓你產生恐懼，兩個人就這樣安靜的坐在石頭旁，伴隨著鳥鳴水流聲，就是最悠活的夏日時光了。只是要提醒大家，再享受也不要逗留到天黑哦，畢竟回頭山路是沒有路燈的，當發現夕陽已快西下時，就得趕快踏上回程哦！

很難得有地方可以跟瀑布這麼近距離接觸，卡悠峯瀑布真的就近在眼前。

只需要小小步行一小段，就可以親近大自然了！

可以帶一些簡單的輕食來這邊享用，無人打擾的清涼祕境是最棒的野餐地點了，
離去之前記得要把垃圾都帶走，這樣才能一直有美麗的環境可以享受呀。

頭城鷹石尖

📍 宜蘭縣頭城鎮內大溪路 17 號（明山寺旁有指標）

越美麗的風景，往往道路就越崎嶇蜿蜒，想帶心愛的欣賞壯闊風景，卻又不想流得滿頭大汗破壞情趣嗎？頭城鷹石尖這裡就可以滿足你的願望啦，只需要花大概 15 分鐘的路程就可以抵達，能把整個宜蘭頭城海灣跟龜山島盡收眼底哦！

鷹石尖這裡也是很著名的攝影景點，雖然照片看起來好像是站在懸崖峭壁旁，但其實沒有看起來這麼危險，在鷹石尖下其實還有一大塊的平台和植被，像有滿嚴重的懼高症（汗）的我，要我站在懸崖邊拍照簡直是要我老命，但在這裡只要克服一下懼高的小小恐懼，就可以拍出像這樣很厲害的照片啦。當然鷹石尖的風景也是無話可說，坐在石緣邊，就像是老鷹般從高空俯瞰大地，享受海天一色的翱翔感，這是十分容易抵達的攝影祕境，非常推薦給大家來試試膽哦。

這個角度看起來是不是令人膽戰心驚！彷彿坐在凸出的懸崖邊，背後的海景也是相當驚人，宏偉非常。

約會聖地7 Fabulous Date Ideas

我保護妳的 Man 哥聖地

雖然說鷹石尖這邊看起來是非常恐怖的懸崖峭壁，好像一不小心掉下去就七天後見（到底想嚇死誰！），但實際來到這邊就會發現，其實也沒那麼恐怖啦，哈哈。不過如果你的另一半有點懼高症，那就是展現 Man 哥的最好時機啦，快快說出「沒關係，我保護妳！」牽著她的手、站到巨石上，拍出厲害的照片吧。

其實鷹石尖下方還有一塊岩石，所以並沒有想像中那麼恐怖，只要稍微克服自己的懼高症，就可以欣賞到無敵海景啦。

帶女伴來看這麼特別的風景又可以當 Man 哥，這裡絕對是首推的情侶約會祕境啊。

55 南澳神祕海灘

📍 宜蘭縣蘇澳鎮海岸路 3 之 1 號（往海邊方向進入）

來到東海岸約會，就一定要找一個無人海邊好好享受兩人世界啊！要在東海岸找到一個無人海岸其實不是這麼困難，但要能同時享受平坦沙灘和海岸山景，就不是這麼容易了。

像蔡阿嘎我一直以來都特別喜歡人煙稀少的無人海灘，所以致力挖掘台灣的海灘祕境，前兩本旅遊書都也推薦了不少超棒的海邊給大家，但因為是要約會，這次要找的一定要再更隱密一點啊（笑）。

背後有山、前方有海，又沒有遊客紛擾，這樣的祕境沙灘非常少有。

來來，這回要推薦大家南澳這一個神祕沙灘，其實說神祕也沒有很神祕啦，因為 Google 地圖都還有標示咧，所以並不難找。只要沿著海岸路走，拐個彎就可以直達南澳海邊了，放眼望去碧海藍天空無一人，不管是什麼季節來，都能在這片鋪滿鵝卵石的礫灘上，讓身心靈得到最大的放鬆。比起宜蘭蘇澳或是花蓮七星潭，會到南澳海邊遊玩的旅客不是這麼多，頂多會遇到正在晒網漁家而已，所以即便是假日來，也都沒什麼人，可以兩人好好的散步在海邊、坐在礫灘上吹著海風、拍出一張張如風景明信片般的美照，絕對不會有人來打擾哦！

「空無一人這片沙灘～」看到這個景色，不禁想哼唱陶喆的「沙灘」，與另一半在這裡牽手踏浪，再浪漫不過了。

楓林步道

📍 花蓮縣吉安鄉福興村福興路 405 巷

嘿嘿，來到花蓮除了看山看海外，到了晚上如果想跟情人來看看夜景，那就一定要來這個私房景點「楓林步道」啦。楓林步道比較少觀光客會特地來玩，平日大多是在地鄉親健行爬山的地方，但如果情侶約會，不想健行流汗，楓林步道也是騎車或開車就能抵達的地方哦。

延著楓林步道指標往上走，就可以在好幾道的山路轉彎處，輕鬆發現能眺望景色的觀景平台，能把吉安鄉和花蓮市區的景色一次盡收眼底。白天來，可以欣賞傳說

白天楓林步道可以飽覽花東縱谷的景色，在這裡散步健行、一邊欣賞風景，不用花任何錢就能得到大大的滿足。

中花東縱谷平原之美；晚上來，滿地星斗的夜景就在你眼前，白天黑夜各自有不同的美感，很適合來約會哦。不過要提醒大家，如果夏天來的話，花蓮小黑蚊是非常兇猛的，記得要做好防蚊措施嘿！

另外，在楓林步道的不遠處的小山頭上，有一個長得非常像中正紀念堂的建築，這是花蓮的軍人忠靈祠，也被花蓮鄉親笑說是小型的山寨中正紀念堂，拍起來非常有趣，爬上階梯同樣可以眺望縱谷美景，如果有來到楓林步道，也可以順道來這邊走走哦。

楓林步道旁有一座軍人忠靈祠，外型非常像台北的中正紀念堂，這個角度看上去，像不像中正紀念堂前面那個長階梯？以往在中正紀念堂的階梯看下面的鴿子，現在可以坐在忠靈祠的階梯看花東縱谷哦

這裡其實是早期官兵英靈安息之處，現在重整後變得整齊乾淨，還有一些武器展示。

楓林步道是花蓮一個賞夜景的好去處，在這裡吹著涼風、看著下面的城市燈火，這樣的氣氛會忍不住將心中的心情都吐露出來哦。

57 東里鐵馬驛站

📍 花蓮縣富里鄉東里村大莊 38 號

通常來花蓮旅行的朋友，會比較忽略掉花蓮南部的一些景點，畢竟花蓮真的是太長啦，要一口氣玩完整個花蓮幾乎是不可能的任務，所以如果已經是二次造訪花蓮，想要更深度體驗花蓮的慢活，那就推薦大家往花蓮南邊的瑞穗、玉里或富里走走，享受真正的樂活。

像這個東里鐵馬驛站，就是非常適合靜靜地待上幾小時的好地點，這裡原本是東里火車舊站，在東里新站開始啟用後，這裡也被規劃成鐵馬驛站，是很多單車旅客都會停駐的景點，原本的鐵路規劃成單車道，舊火車月台也被完整保留，說真的，比起新穎的現代月台，我還比較喜歡這種有歷史滄桑感的舊月台呢！翠綠田野當背景，綿延無邊際的花東縱谷綠色地毯，就平鋪在眼前，前方就是綿延到地平線的單車道。舊車站裡賣著咖啡飲料及甜點，點杯冰涼飲品坐在月台旁，就能夠悠悠哉哉的享受後山的陽光洗禮，遠離塵囂到東部洗滌心靈，會更有活力面對生活的挑戰哦。

這樣的景象也有一絲絲絲伯朗大道的感覺。

以前的火車站月台也保留下來，還設有鐵馬的裝置藝術。

在一片田野中，原本的火車站廢棄後重新賦予它新生命，改建成鐵馬驛站，讓來往這裡的車友休息喝咖啡。

58 樂山國小

📍 台東縣卑南鄉溫泉村樂山 139 號旁（戀戀山香草園旁）

這是蔡阿嘎要偷偷介紹給大家的祕密，超級、超級私房的景點，哈哈。在之前的旅遊書我有介紹到，在東部有一種特殊的景點，推薦大家一定要來探訪一下，那就是「荒廢的國小」，因地理環境和人口種種因素，比起西部，東部較多國小會有併校或廢校的現象，也因此留下了不少尚未拆除的荒廢國小，這樣的國小通常也不會有遊客前往，非常適合帶著女朋友來探險唷。

在教室裡「壁咚」女同學，你也有這樣的想像嗎？
來到廢棄的國小回味你青澀的學生回憶吧。

像樂山國小就是隱藏在台東卑南的山區上，已經廢校二十幾年了，雖然已經很久沒有學生使用，不過因曾經作為露營同好的場地，所以也經過整理，無論是學校設施、有趣的復古壁畫、學生告示等等，都維護得很不錯。在很多國小都已經重建、現代化建築後，這種屬於我們那年代的舊式教室，真的很少見，雖然桌椅都已經不見了，但那些門窗、黑板、牆上懷舊的標語，在這裡拍照佇足，除了能滿足冒險的滄桑感之外，每一個角落也都能勾起我們的滿滿的兒時回憶呢。

1 __ 樂山國小雖為廢棄的校舍，但因為提供為露營場地，所以整理得非常好。
2 __ 與朋友們返老還童當野孩子，在國小裡玩得不亦樂乎。

都蘭鼻

📍 台東縣東河鄉都蘭村台 11 線 145K（岔路進入）

假想自己是當時上岸的都蘭祖先，哈哈。

現在有不少觀光遊客都會到東河買個包子、背個都蘭國小的書包到都蘭海邊玩，但往往都會錯過這個台東海線的私密看海景點「都蘭鼻」，都蘭鼻說好找也不會太好找，說難找，其實 Google 導航「都蘭鼻」其實也就可以抵達，所以應該算是「不會太難找的私房景點」吧？（這介紹好像在整人，哈）都蘭鼻這個地方在 Google Map 上看，是一個突出的地方，就像人側臉的鼻子一樣，所以叫做都蘭鼻。

站在懸崖的石頭上欣賞壯闊的都蘭灣。

傳說中都蘭部落阿美族的祖先，就是從這邊上岸的，所以都蘭鼻也被稱為是阿美族的發源聖地，因此來到這裡就不會感覺只是一般海邊，還帶有一點歷史的神祕感呢。來到都蘭鼻，可能會遇到漲潮或退潮兩種不同的風景，漲潮時可以坐在岩岸峭壁上，欣賞海浪拍打岩石的壯闊，退潮時，那就一定要趕快打著赤腳，走下去到岸邊，在清涼的海水間踏浪，都到台東了，海岸線這麼長、這麼漂亮，一定要像這樣找個沒有人打擾的觀海場所，好好享受兩人世界才是王道啊。

因為之前的都蘭開發案，這裡的住民都起身反抗，希望能夠停止開發，捍衛祖先的這塊土地。

都蘭鼻這裡有一片草地，上面晃悠著幾頭牛。

60 長光梯田大道

📍 台東縣長濱鄉長光產業道路

噓（伸食指），這個景點真的私房，大家不要說出去哦（哈）。大家都知道台東山線的關山，有個非常有名的旅遊景點——伯朗大道，也就是金城武大道，在帥哥的加持下，每到假日一定是人山人海，遊客總搶著要在坐那棵樹下，端著茶杯跟茶壺拍照，但其實在台東的海線長濱鄉，長光梯田大道這裡就有一模一樣的景色，而且根本幾乎不會有觀光人潮哦。

長光產業道路並不難抵達，在 Google 地圖上，你會發現有一條筆直的路，上頭寫著「金剛大道」就是這裡了！跟著 Google 導航就可以輕鬆找到。來到這放眼一看，兩側就是一望無際的稻田海，沒有多餘的農舍、沒有參差的電線桿，畫面就是這麼的乾淨，一條筆直的道路直射向金剛山巒那端，另一頭則是通往太平洋的方向，拍起來的景色完全不輸給伯朗大道，像我這樣恣意的在路中央撒野也沒關係，因為除了偶爾經過的農家車外，真的幾乎沒有什麼車輛會開過，非常適合情侶倆在這邊散步拍照，怎麼拍都漂亮！

如果在稻米採收期來到這裡，原本綠油油的稻田就會變成金黃的稻穗，那畫面更加美麗。

筆直的綠田大道是不是不輸給伯朗大道呢？但這裡的遊客幾乎是零，可以好好享受這樣的美景不被打擾哦。

我要大喊這裡是蔡阿嘎大道！

Chapter 5
特別主題篇

有沒有什麼地方可以讓她脫口而出說:「好特別!你怎麼知道這個地方?」
不流俗的小旅行絕對可以滿足你們的需求。

61 3個娃 1個爸

📍 桃園市龍潭區健行路 347-1 號（或 345 巷口）

📞 0934-288268

🕐 11:00 ～ 17:00（週三公休）

桃園這家不起眼的 Pizza 小店，賣著特別口味 Pizza、有著溫馨動人的故事，一定要推薦給大家。就如同他的店名「3 個娃 1 個爸」，當初因為女兒喜歡吃 Pizza，於是單親爸爸黃大哥就在龍潭這邊，開了這家窯烤 Pizza 店，也讓來到這裡的客人，都好像回到家一樣，共享這家人的幸福園地。

只要一進店門，就會聽到老闆黃大哥的爽朗熱情的招呼聲，雖然現點現做的 Pizza 需要等上 20 分鐘，但黃大哥相當健談，想和老闆聊美食、聊創業故事都可以，不會讓你覺得等待時間太過漫長。

店裡賣的 Pizza 口味都相當特別，有季節限定的草莓水果 Pizza、奇異果雙拼 Pizza 等等，我最最推薦的，就是這塊客家麻糬 Pizza 了，大家吃過會牽絲的 Pizza 多半都是因為起司，但這塊 Pizza 拉的絲不是起司，是客家麻糬哦！撒上芝麻鹹甜鹹甜的口味，每一口都是東西合併的美妙神結合，如果肚子餓的話，把整塊都吃完應該也不成問題。幾乎是別的地方吃不到的特殊口味，很適合來一塊當成小倆口的下午茶點心唷。

這個柴燒窯烤爐也是老闆自己搭建的，為了喜歡吃 Pizza 的大女兒，爸爸沒有極限，連窯烤爐都做得出來！

這裡用餐都是露天的，如果進屋裡沒有看到老闆，可能是他外送去了，耐心等候一下，他馬上就會回來嚕。

藍色的鐵皮屋外，滿滿的都是客人的留言和簽名，可見這家店相當受到大家喜愛，經營得非常溫馨。

這是我最推薦的客家麻糬 Pizza，鹹甜滋味非常順口，牽絲的是客家麻糬，相當特別。

62 石蓮園火車餐廳

📍 苗栗縣通霄鎮白西里 19 鄰 153 號之 8
📞 03 - 7792399
🕐 11:00 ～ 19:00 （週三公休）

這裡種了很多石蓮，就如店名一樣，原來是因為老闆的名字就叫做駱石蓮的關係。這邊也有清涼的石蓮汁、石蓮茶可以喝哦。

如果是像我們一樣，都是愛走訪火車站的鐵道迷情侶檔，那就肯定不能錯過苗栗的這個石蓮園火車餐廳，它就在著名的白沙屯媽祖廟不遠處，沿著海岸堤防走，看到路邊有好幾輛顯眼的藍色鐵皮平快火車，就到達目的地了。

石蓮園的老闆就是退休的台鐵員工，憑著對火車的熱愛，在退休後買下這些退役的老火車廂，在這邊重新賦予老火車生命，也繼續延續了自己的火車人生。來到這裡用餐，當

火車車廂外有一大池蓮花，裡面也有悠游的鯉魚，可以體驗餵魚趣。

然就是要坐在車廂座位內嘍，而且一定要吃懷舊的台鐵便當鐵盒才對味，坐在老火車內向窗外望去，就是一大片怡人的海上風景，好不愜意啊，如果光吃飯還不過癮，這裡也有民宿區，可以讓你體驗在火車廂裡過夜的趣味。

在這裡可以體驗在火車廂內用餐的樂趣，有一定要吃的懷舊鐵便當，還有一些鐵道相關的道具，真的是鐵道迷的天堂！

浪漫的老闆在瞭望台上，也貼心的設置了一區同心鎖，情侶或是夫妻來到這邊，也別忘了買個愛情鎖，把這段愛情牢牢地鎖在這美麗的風景旁，那鑰匙呢？帶回家嗎？不是哦，直接丟在旁邊的愛情郵筒裡就可以了，哈！下次有來的朋友，也可以來尋找看看我跟二伯的愛情鎖唷（羞）。

這些車廂和座椅真的是汰換掉的火車車廂，老闆因為非常喜愛火車，所以就把它們買下來經營成餐廳。

走到觀景台，放眼望出去就是通霄的海邊，可以在火車裡面用餐、又可以欣賞海景，實在是太特別了。

63 十三咖啡

📍 台中市南屯區環中路五段 200 號
📞 0913-128988
🕐 14:00 ～ 23:00

店裡每一樣物品都有「13」的烙印，等你們慢慢來發掘。

如果是台中愛喝咖啡的朋友，大概都會聽過這間特別的十三咖啡，來到這裡，你不用煩惱要喝什麼，因為老闆會依照今天的咖啡豆子，手工煮出香醇咖啡來讓你品味，對，是「品咖啡」哦，不是喝咖啡！各國的咖啡豆都有各自不同的風味，可能每次來，你都會喝到不同國家的咖啡滋味，很有意思吧。

十三咖啡是一個很特別的地方，你一來就可以感受到與眾不同的氣氛。門口寫著「想品咖啡再入內」，一看就覺得是一間很有個性的店呢。

原本店址位於楓樹巷 13 號，所以叫做十三咖啡，現在搬到了環中路，雖然不是以前的三合院，但外表也非常像藝術品，完全是出自於老闆之手。

十三咖啡從原本楓樹里的三合院搬到現在的地址，位置不好找，更添加了它的神祕感，也成為了適合兩人約會的私密場所。而且你看到的所有建築、桌椅，都是由老闆一手打造的哦，無論是利用學校的廢棄桌椅、或是老房拆除後不要的木材門窗，到他的手裡都變成珍貴寶物，就如同老闆堅持用手工沖出有溫度的咖啡般，坐在任何一張椅子上品咖啡，也都是讓人感覺有故事和溫度。來這邊無論是要來杯咖啡享受兩人時光，或是想和老闆一起聊咖啡、玩古物，都相當自在舒服。

這裡真的是教你品咖啡的地方，沒有開玩笑！老闆會細細地分享咖啡的故事與學問，每一杯手沖咖啡都有老闆的堅持與用心。

帶著另一半來這裡慢慢品咖啡，享受一次不同於咖啡店的精品咖啡之旅！

64 阿嬤洗衣場

📍 南投縣魚池鄉頭社村和平巷棉仔園

我想除了我，應該不會有人想把這裡寫進旅遊書吧？但我跟二伯對於這種台灣傳統的農村景象有特別的喜好，所以即便這邊鮮少有觀光客會來，我們還是可以在這裡嬉鬧了將近兩個小時；雖然幾乎沒看到有其他居民，我們依舊玩得不亦樂乎（哈）。

阿嬤洗衣場是以前頭社居民們用石頭堆砌出的一個小水池，以往婦女們都會在這邊清洗衣物話家常，雖然現在家家戶戶都有洗衣機，也沒有居民會在這裡洗衣服了，

但重新整修過後，目前仍維護得相當乾淨哦，水池都還是流動的活水，歷史悠久卻還是清澈見底，坐在水池邊體驗一下當農村婦女的生活，也是別有一番風味呢。

再往巷內進去，會發現有許多農村意象的壁畫就繪在民宅牆上，我特別喜歡這樣的感覺，不是熱門觀光地、沒有商業氣息、也不會太突兀，實實在在的跟這個村落結合在一起，真實的呈現了當地的生活景色，是一個可以悠閒共度兩人時光的好景點，真心推薦給大家！

古早時代的婆婆媽媽就是這樣敲打衣服把髒污洗掉，大家就圍著這個洗衣場一邊洗衣服、一邊話家常。這樣的洗衣場在台灣已經不復見了，想要體驗的話可以到這裡來。

1 __ 洗衣場小小的,旁邊就是民宅和農田,現在它已經是活盆社區最夯的景點了。

2 __ 活盆社區裡的牆上也有許多農村意象的繪畫,相當有味道。這裡現在都是靠當地的阿公阿嬤來
維持環境,所以來這邊遊玩也記得不要隨意留下垃圾,一起愛護環境吧。

65 **愛蘭**早點達人

📍 南投縣埔里鎮鐵山路 160 號

📞 049-2913598

🕐 06:00 ～ 11:00

提到埔里，首先想到的都是一些知名景點，若要說有什麼特別的美食，一般人一時可能還答不出來吧？這次我就要介紹一樣埔里在地的限定美食。

你聽過「鹹油條」嗎？油條就油條哪有什麼鹹油條？鹹豆漿是聽過啦，但鹹油條就完全超出我理解範圍了。我第一次聽到「鹹油條」這樣的食物名稱也是疑惑，但其實南投埔里的鄉親早就習以為常啦，早餐的油條不是拿來沾豆漿吃，也不是像我們平常看到夾在燒餅中，而是切半放上荷包蛋、沾上辣椒醬和醬油膏夾來吃！這麼特別的吃法我也是第

在別的地方吃不到的鹹油條，是埔里的限定美食，一定要來試看看。

一次嘗試。素聞埔里鎮上有三家在賣鹹油條的早餐店，秉持實驗精神在吃過三家比較過後，我推薦了這家愛蘭早點達人，來南投約會的第一餐，一定要來這邊品嚐這個只有埔里才有的特色小吃。

鹹油條不像一般油條那樣酥脆，我吃起來反而覺得比較像在吃雙胞胎的那種口感，只是它是長條型的。長長的麵團在油鍋裡半煎炸，讓它慢慢膨脹，直到表面都金黃香酥後就完成了。它有著油條的外表，卻像蔥油餅般透出一點蔥花，因為是中筋麵粉製作的，所以口感香Q

有咬勁。表皮炸到金黃可口的油條再夾上荷包蛋，口味鹹香鹹香非常好吃，雖然都是平常很常見的食物，但這樣搭起來真的就有不同的火花耶，可以想像成吃蔥油餅加蛋，但是更有嚼勁、麵粉香氣更足，吃起來口感更好。

另外我還推薦愛蘭早點的紅豆餅，一大塊只要十五元，香脆的麵粉外皮，包裹著濃厚紅豆泥，早上吃上一塊真是太幸福了，好吃到我們都已經離開了，還特地再折回來打包兩塊在路上吃呢！這真的是與眾不同的銅板美食無誤。

1 _ 這裡的油條是用半煎炸的方式製作，油條比我們平常看到的還要胖。

2 _ 油條上鍋後，就會從中間剪一半，放入荷包蛋、胡椒粉、醬油膏和辣醬。

3 _ 所有的麵點都是現擀現做。

4 _ 這個就是我們大推的紅豆餅，一大片只要15元，好吃又便宜！

66 顏厝寮開臺第一庄

📍 雲林縣水林鄉水北村顏厝寮 43 之 1 號（佑真府旁）

還記得第一次和二伯騎車經過顏厝寮，看到有許多精緻的漫畫彩繪掛在三合院外牆上，還以為又是什麼山寨日本漫畫的彩繪村？結果一問才知道，原來顏厝寮這漫畫彩繪，可是鼎鼎大名台灣漫畫大師杜福安老師的作品啊，可說是全台灣第一個把台灣歷史漫畫搬進社區的先驅。

杜福安老師是台灣非常知名的歷史漫畫家，用漫畫來「話」台灣的歷史，讓更多孩子知道這塊土地的故事。

而這畫中描繪的，就是在描述明朝末年顏思齊來台開墾的歷史故事，當時顏思齊的主要落腳地，就是現階段顏厝寮的位置。走進顏厝寮社區裡，可以慢慢的跟著漫畫順序尋找歷史足跡，從顏思齊的開墾、鋤強扶弱、到海外經商後的回饋鄉里，都一一清楚記載著。原本以為漫畫搭上農村建築會有點突兀，但沒想到逛起來卻出奇的有趣，小倆口一起散步在社區內尋找下一幅畫，閱讀著原本應該是很生硬的歷史，但卻因為生動的漫畫變得很有意思，讓整個社區都活了起來，

牆上每一幅漫畫都是杜福安老師親繪，一面牆就是一幅分鏡，非常有趣，讓你想一直翻下一頁、往前走。

成為特別的約會景點，非常值得一逛！
令人不得不佩服水林鄉公所的創意呀。

這裡是是三百多年前率眾來台開墾時的
主要落腳地，此次水林鄉公所便以顏思
齊「開台第一庄」為主題，由「優雅農
夫藝術工廠」將閒置的農民教育活動中
心改造成「開台文化廳」，並搭配社區
內老厝外牆繪製十處的「漫畫故事牆」
記錄顏思齊相關史料。

顏思齊約在四百年前率眾來台開墾，在水林、北港等地區建立了十個寨，主寨就是現
在的顏厝寮，非常具歷史意義。

顏厝寮的人口外移相當嚴重，為了找回當地的歷史文化、
讓更多人了解這個地方曾經有一段顏思齊的開墾史，於是
就繪製了十幅開台史的故事牆。

67 魚罐頭咖啡館

📍 嘉義縣民雄鄉西昌村竹子腳 6 鄰 7 之 30 號

📞 05-2062775

🕐 15:00 ～ 22:00

當我每次問身邊的外地朋友：「你對嘉義民雄的印象是？」通常都會回答：「鬼屋啊！很荒涼都是甘蔗田跟鳳梨田！」嗯，市區外的嘉義似乎是這樣沒錯啦，但你有喝過甘蔗咖啡嗎？沒錯，就是甘蔗加美式咖啡，很酷吧？

這年頭咖啡館如此常見，如果沒有自己的特色，說真的還真難生存，這家魚罐頭咖啡館的老闆，就是經營的多年魚店後，結合自身專業轉型而生的咖啡館，所以咖啡館裡裡外外包含：腳下踩的玻璃魚缸、喝的咖啡有魚圖案的拉花，甚至是廁所都有整排鬥魚，任何小細節都和老闆鍾愛的魚兒息息相關，來到這裡就好像進入水族館一般，不僅適合約會，庭院的魚池和草地，也好適合家長來這邊遛遛小孩。

這一杯就是甘蔗冰美式，上層是美式咖啡，下層是甘蔗汁，有趣的台美混血，滋味等著你來品嚐。

當然當然，店內的招牌「甘蔗冰美式」是我最推的一杯咖啡，如果是不常喝咖啡的朋友，應該都會害怕美式咖啡的苦澀，但是沒想到它在融合了台式甘蔗汁後，竟是如此驚為天人的 match 耶！甘蔗的甘甜完全沖淡了美式咖啡的苦澀，只留下咖啡豆的烘焙香味，不敢喝黑咖啡的朋友也一定能接受，推薦大家一定要來試試這杯特別的台美混血咖啡！

店裡到處都有魚相關的小物品，這裡也有一排色彩鮮艷的鬥魚。

這個咖啡品項說明圖相當有趣，咖啡的口味那麼多，但很多人一定都不知道差別吧？看了這張圖就一目瞭然！

咖啡本店前面有一方水池，裡面養了許多錦鯉，水池上面掛著鯉魚旗，與店名主題互相呼應。現在市面上有很多貓狗餐廳，第一次看到有「魚主題」的咖啡廳，相當特別。

68 成功食品廠

📍 嘉義縣朴子市光復路 25 號
📞 05-3797259
🕐 09:00 ～ 20:00

看到這個黃色招牌，就可以往巷子裡走進去。

隱藏在嘉義朴子市區的巷弄裡，有家超低調的手工餅乾工廠，近六十年來都飄著古早味餅乾奶香，但如果你沒有來過，一定會錯過它的入口好幾次，我第一次就真的來來回回好幾趟怎麼找都找不到（哈），這次就跟著我的腳步一起來找尋這間傳承一甲子的香甜滋味吧！

它的入口真的非常低調，看到一個小巷口頂著黃色招牌，明明就寫著成功手工餅乾，往裡看卻什麼都沒有。第一次硬著頭皮往前走，真的有一種誤闖人家家裡的感覺，這時不要擔心，其實只要穿過走廊、循著香味，你就會發現這間躲在民房內的餅乾工廠了。

沒有華麗的裝潢，只有低頭操作著古董老機器、用心製餅的一家人，老闆忙碌的製作麵糰，這裡賣的是各種夾心或單純的奶香餅乾。看著不大的工廠內，店家三人有默契的把拌好的麵團放到製模機裡，另一個人把壓

好模的餅乾拿去烘烤，沒有多餘的交談，靠的就是長年累積的默契。看著他們努力製作這小小的餅乾，心裡會湧現一種感動。我們吃的每一口都有著製餅人的堅持與辛勞。

這裡每天出爐的口味都不一樣，隨機製作，能吃到什麼餅乾都是看緣分，這樣也滿有趣的。純手工做的餅乾會很貴嗎？不，一點都不貴，只需要花你一百元，就能擁有一大包可以吃好久的美味了。這塊傳承台灣記憶的餅乾，對我跟二伯而言，可完全不輸給什麼法國手工餅乾！吃起來沒有額外添加的香精味，麵粉香氣濃、奶香十足，讓我們一口接一口。在經過媒體報導和鄉民們的口耳相傳後，這家手工餅乾也幾乎成為了朴子的知名美食，成功食品廠多年來的堅持，也讓人堅信，雖然現在是人人擔心食品安全的年代，但台灣還是有很多很多像這樣用心質樸、烘烤著最單純食品的良心店家啊。

方型餅乾上面有壓紋，這一款餅乾奶香十足。

廠內有許多古董級的餅模機，看著老闆專心地把麵團填到機器裡，更能感受到這一塊塊手工餅乾的用心。

圓形的夾心餅，中間的檸檬奶油餡清爽、不甜膩。

穿過類似民宅的小巷子，會來到這個無招牌的入口，這時候不要害怕，走進去就對了。

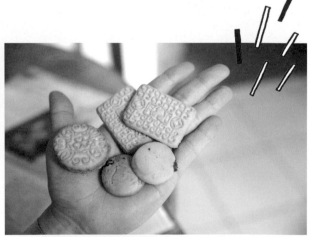

每天出爐的餅乾都不一樣，這次我們拿到四種餅乾。

69 麻豆代天府 18 層地獄

📍 台南市麻豆區關帝廟 60 號

📞 06- 5722133

🕐 07：00 ～ 17：00

不知道大家有沒有聽過「吊橋效應」？當你身在恐怖的環境中會心跳加速，讓你誤以為那是愛情。這個戀愛的趣味心理學，大家可要好好運用啊！像是麻豆代天府的 18 層地獄，就是一個可以發揮的地方。只要是嘉義或台南的孩子應該都會來過這裡，但其他縣市的朋友應該就不太曉得，麻豆代天府不只是參拜五府千歲的廟宇而已，最有趣的是在正殿後方，有一個 18 層地獄可以參觀，小時候來都會被家長恐嚇說：長大不能做壞事哦，不然你看，下地獄後會很慘！我就是被這樣恐嚇過（哈），而且小時候來一定會覺得很恐怖，雖然它不是嚇人的鬼屋，但廟方把地獄場景營造得相當逼真，幼小的心靈一定會被震撼到。

不過長大後再來參觀，就會發現其實它做得精緻又有趣耶，根本就是台灣版的「環球影城」啊！只要投四十元到公德箱，就可以體驗到 18 層地獄走一遭，沒有時間限制，你可以好好的觀賞每一層地獄，每層都有不同的故事演出，讓你了解案由刑責，相當有意思。雖然說這 18 層地獄也不是要嚇大家，本意是要勸人向善不要做壞事，但這陰暗燈光和氣氛，應該還是會讓許多女性友人覺得毛毛的，所以啦，這就是非常適合約會的地方了，因為另一半絕對會跟你跟得緊緊的，兩人的感情肯定瞬間會 UP UP！！（竊笑）

代天府是台南一間很大的廟宇，外觀非常漂亮，
貼滿了台灣傳統的交趾陶和剪黏。

約會聖地 8 *Fabulous Date Ideas*

恐怖版愛的抱抱聖地

雖然說代天府的 18 層地獄不是嚇人的鬼屋，但是裡頭營造的氣氛也是不輸給鬼屋的哦，尤其如果是平日來這邊玩，幾乎也不會有其他遊客，所以整個恐怖地獄就剩你們兩個人啦，面對如此詭譎的氣氛、血淋淋的地獄畫面，男孩兒們一定要展現出男性雄風，好好保護身旁女伴的呀，這時候來個愛的抱抱，就非常名正言順啦！

裡面有十八種地獄刑罰，主要是要告訴世人不要做壞事，不然下地獄就會受這些刑難。有些畫面略為血腥一點，膽小者勿看啊。

當另一半嚇到不敢看的時候，就要「抱緊處理」啦！

70 三和瓦窯

📍 高雄市大樹區竹寮路 94 號

📞 07-6521432

🕐 平日 08:30 ～ 17:00　假日 09:00 ～ 17:30

我從來沒想過體驗 DIY 的觀光工廠，也可以當作約會的景點，這次和二伯來之後才發現，原來還挺適合約會增進情感的耶。

三和瓦窯從 1918 年開始到現在已接近百年的歷史了，在現代鋼筋水泥建築興起前，可說是高雄相當重要的磚瓦窯場，現在廠區內還有在生產磚瓦，不過也開始轉向經營觀光文創。來到三和瓦窯一定要先逛的就是商品區，想不到竟然能把傳統紅磚瓦，搖身一變成實用的日常文創商品，杯墊啦、小盆栽啦、壁畫啦都相當有味道，會讓你驚奇的發現，原來印象中農村才會出現的紅磚塊，也可以這麼時尚耶！

來這邊約會，別忘記一定要坐下來一起 DIY，體驗動手把迷你紅磚，用水泥一塊一塊的砌起，像我們這次就選擇蓋一棟「起家厝」，就好像一同攜手打造起甜蜜家庭般的浪漫啊。

三和瓦窯園區內有很多用磚瓦做成的排列與造景，除了參與 DIY 行程以外，還可以在園區內發現一些小驚喜。

老夫老妻的感情 UP UP 聖地

一但感情穩定、交往久了，最怕沒有新鮮感，總需要一些新的火花來讓老夫老妻的感情再 UP UP 一下。三和瓦窯這邊最適合老情侶檔現場 DIY 體驗「起家厝」了，用著長年下來培養的好默契，一磚一瓦砌著你們倆愛的小窩，這樣踏實的安定感，彷彿就像在預告「我想要邁向下一個人生階段」一樣呀，一定可以讓感情昇華到另一個層次唷。

情侶來這邊 DIY 蓋房子，會萌生一股「成家」的念頭，對增進感情有大大的助益哦。不只是房子，還有其他有趣的物品可以製作，像是磚灶、屋瓦等等。

這一組可愛的小屋子就是我們合力「起」的厝哦，非常精緻可愛！

71 老夫子彩繪村

📍 屏東縣竹田鄉美崙村通明路 16 巷 39 號（美崙咖啡烘焙坊旁）

台灣這幾年出現了不少動漫卡通彩繪村的風潮，但其實或多或少都會有版權的爭議，在屏東美崙村這邊，有一個老夫子彩繪村，沒錯！就是五、六年級生熟知的卡通老夫子哦！還記得我小時候電視上還會播著這部懷舊的卡通，初次來這邊看到，想說也畫得太像了吧？這樣抄襲是可以的嗎？沒想到低頭一看，發現竟有作者王澤的簽名，一查才知道，原來老夫子香港作者王澤，就是這美崙客家聚落的女婿呀！所以這一大面的老夫子彩繪，是有經過作者本人親自授權的哦！

彩繪村最怕的就是牆上的畫作和村落本身不搭，或是畫作跟在地故事文化根本毫無關聯，但除了老夫子的畫風與美崙客家聚落建築十分的搭襯外；當我看到牆上畫著老夫子、陳小姐有趣的求愛畫面，就想到作者王澤先生也是跨海與台灣屏東美崙村出生的老婆相識相戀，深深覺得「浪漫」根本也不足以形容這樣的真實愛情故事！男生們，帶她來這特別的彩繪村，向另一半說出這一段愛情故事，是不是很有搞頭啊？哈哈。

老夫子和大番薯是台灣四、五年級的共同回憶，幽默詼諧的內容在當時相當受歡迎。

牆上這些老夫子漫畫，是作者王澤授權哦！

這片牆上的主題就是作者王澤和他太太陳小姐的求愛牆，
情侶們一定要來這邊拍張照，留下你們的愛情故事！

72 永樂車站

📍 宜蘭縣蘇澳鎮永樂里圳頭路 60 號

記得第一次來永樂車站，只是單純環島中途經過，本來只是想簡單收集個車站章，沒想到卻意外的發現這個小站，竟藏有這麼可愛的紀念章供遊客使用。這站主要是為了運送水泥而設的，載客只是兼辦，所以大概除了鐵道迷以外，一般人不太會來這個地方，但這個車站的印章實在是太值得收集了。

永樂車站是北迴鐵路出了蘇澳新站後的第一站，以前在永樂站之前還有一站永春站，兩站合起來象徵著「永遠春天、永遠快樂」，後來永春站廢掉了，只剩下永樂站。它雖然不是無人車站，但來往的旅客卻也不多。車站本體外表是窗明几淨的玻璃牆面，看起來

環島到了這一站休息時，發現這裡有非常可愛貼心的印章，喜愛收集印章的我一定要把它納入我的蓋章布。

永遠快樂的印章有好幾款，越蓋心情越好，好像真的變快樂了！

明亮乾淨。在月台上可以看到來往的石斗車，運送著原料石，這是北迴線獨有的景象。另外還有一個值得一看的地方，永樂車站的外型，因為屋頂一層一層的，很像浪花，也有人說像雪梨歌劇院，堪稱是北迴線最美麗的車站，相當有趣。

如果你收集過台南的永保安康紀念章，那宜蘭永樂站的「永遠快樂」章，你就一定不能錯過了，還記得第一次造訪時，我們詢問站務大哥是否有印章可以蓋？沒想到站務大哥竟非常興奮的拿出這兩個「永遠快樂」章給我們，開心的說他本身是鐵道迷，也有在蒐集紀念章的習慣，所以這兩個章可都是他自己為了永樂站，特地去做的哦。雖然永樂站只是一個平凡的小站，平常也幾乎不會有遊客來參訪，但希望來到這裡的每一位乘客，都能像這個站名一樣永遠快樂。如果有要到蘇澳約會旅遊的情侶們，也記得順便繞到這一個不會很遠的永樂站蓋個章哦，一定可以保庇你們的戀情可以「永遠快樂」的（哈）。

這裡的印章是站務大哥自己製作的，非常用心與遊客們分享快樂的心情。

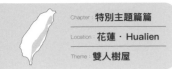
73 森林中

📍 花蓮縣吉安鄉知卡宣大道一段 36 號
📞 0970-104081

民宿內部相當寬敞，挑高的室內空間和落地窗，讓人忍不住放鬆心情。

很多朋友都會問我，想和另一半出門約會旅遊，會推薦去哪裡呢？我通常會不加思索的推薦花蓮！原因除了花蓮有許多大自然的祕境景點，可以讓小倆口緩慢的度過甜蜜時光之外，花蓮的民宿也都經營得相當厲害，一整天在外奔波的疲憊感，都可以回到民宿後得到紓解，重新解放。

這一次推薦大家的這家「森林中」，是當你行走在台 9 線上時，就會被它的外觀建築所吸引，由藍、黃、橘三色所組成的鄉村風小城堡，前方偌大的庭園造景，令人為之一亮。最特別的就是這個雙人樹屋房型，在這邊睡上一晚，兩個人就好像窩在森林樹叢上般的甜蜜，民宿裡裡外外擺設及裝潢所營造出的鄉村氛圍，絕對可以讓大家沒有壓力、好好悠閒享受這趟度假旅程。

民宿外觀像是歐式洋房，色彩鮮艷很像童話裡的城堡。

上下層的四人房設計與眾不同，和朋友一起來住體驗不同的住宿樂趣。

這一個房型就是經典的樹屋，讓你彷彿住在樹屋上，非常有趣。

74 瑞和車站

📍 台東縣鹿野鄉瑞和村瑞景路 3 段 1 之 1 號

大概也不太會有人把瑞和車站列入旅遊書中的景點吧（哈），不過，我和二伯身為鐵道迷夫妻檔，說什麼也要把我們非常喜歡的這個小站推薦給大家來拍照。瑞和車站目前只是停靠區間車的無人招呼站，但卻整理得相當清幽乾淨，月台綿延兩側，都種滿了樹叢，後方有山巒當背景，可以站在鐵道旁跟火車很近很近的合照，不停靠、會直接奔馳而過的自強號，就好像從地平線的彼端，貫穿樹林而至一樣。

最有意思的就是，當遠遠看到火車頭出現時，就要趕快站好、擺好姿勢，然後趕快按相機快門，捕捉火車飛奔而過的瞬間，如果真的拍下了完美的照片，那真的很有快感、心情真的是會很好耶。像我們這次就一口氣捕捉到了普悠瑪、太魯閣號跟舊自強號，拍下一張張不輸給日本的台灣鐵道風光，我想即便不是鐵道迷，應該也很難抵擋瑞和車站的鐵路魅力哦。

1 ＿ 白橘相間的太魯閣號。

2 ＿ 在月台上，只要架好相機，很容易就可以追到難得一見的普悠瑪號哦！

3 ＿ 可以很近的與舊自強號合照，這真的是鐵道迷最好的禮物了。

4 ＿ 台鐵的火車便當總是那麼的美味，待在月台上享受一頓應景的火車便當，可能是台東的空氣比較新鮮，感覺便當更好吃了！

鐵軌無限延伸到山的那頭，這幅畫面實在太美了！

75 男人的石

📍 台東縣成功鎮石傘路（台 11 號道約 105.3K 處紅色鳥居進入）

欸欸！先說好大家要先用藝術眼光來看這個景點哦，這很健康很正面，不要把它想得太情色哦（笑）。我第一次走台 11 線，在經過台東成功鎮時，就被這個指標「男人の石」吸引，入口處有一個大大顯眼的紅色鳥居，進入一探究竟後才知道，原來竟是這麼有趣的景點啊。

這裡所參拜的「源神」，就是根源之神的意思，也就是男性的生殖器啦，可能大家看了都會有點臉紅心跳小害羞，但這可是非常適合夫妻、情人間來參拜哦。男人石的由來，就是這一顆巨大的石灰岩大巨石，形狀很像是男生的陽具，當地俗稱為「男人石」，另外也有一個有趣的傳說，說是：當年呂洞賓、何仙姑與鐵拐李在三仙台修行時，有對男女在三仙台幽會被呂洞賓撞見，呂洞賓怒而揮劍砍飛這對男女，男的成為男人石，女的就成為八仙洞。

現在在成功鎮公所的規劃下，在男人巨石周圍設置了逼真的雕刻工藝，讓大家可以來參拜祈福，只要先取一瓢源水潑向源神後，就可以雙手合十的誠心許願了，除了求婚姻及求子之外，也可祈求財運、事業和健康哦。

這一池是源水，舀一瓢淋到源神上，就可以誠心許願，祈求順利得子。

到處都有源神男性特徵的裝置，真的太讓人害羞了，台灣實在很難得可以看到這樣的地方。

這一大根就是源神本人了！非常大一尊，大概快要有一個人那麼高，果然是源神，特別威武。頂端「頭」的地方（我描述得太細了吧）就是源神的臉，這時候也管不著害羞不害羞了，趕快許願要緊。

約會聖地 10 Fabulous Date Ideas

夫妻升溫的情趣聖地

雖然說來到咱們「源神」，絕對不好帶著褻瀆的想法，但也的確很難讓人不往「那檔事」去幻想，所以換句話說，這裡就非常適合已經結婚一段日子，或是已經交往許久的老夫老妻們來朝拜了，一方面可以祈求另一半要永遠身體健康，一方面也可以藉由這些逼真的男人石雕，好好增進一下夫妻間的情趣，參拜完、回家後，會有什麼出乎意料的好效果，那就等大家來參透嘍！（嘿嘿）

秉持著有神快拜的心情，也祈求我們可以早生貴子吧？！

索引

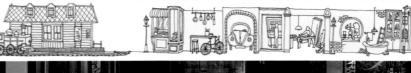

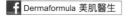

旅遊短租

安全快速便捷

注意事項

1.有效使用期限至105/12/15(以出車日為準，逾期視同放棄)。 2.本專案網路臨櫃皆可使用，請於取車時出示折價券，享優惠價再折抵新台幣300元整(還車出示無效)。 3.本券不得與其他租車券、優惠券或促銷活動同時使用。 4.每日限使用乙張。 5.本券不得要求變現或找零；影印、塗改、磨損、或打孔後，均視為無效；若遺失、被竊、毀損，恕不掛失及補發。 6.本券不得於和運日月潭電動車據點、無人化據點使用。 7.本券僅可與網路預約平日7折、假日8折(含)以上的優惠併用。恕不得與其他優惠活動或專案合併使用。 8.相關活動事項以和運官網公告為準，和運租車保留解釋與修改本活動內容之最終權利。

BURTON

Durable Goods

■ **BURTON 台北旗艦店**
台北市大安區忠孝東路四段181巷35弄17號
(02)2731-8660

■ **BURTON 新光南西店(三館)**
台北市中山區南京西路15號5樓
(02)2511-5556

現金抵用券 $200 元

使用期限：即日起至2016年12月31日止
使用規則：
1. 消費滿$1,500(含)以上即可使用
2. 一次消費限使用一張現金抵用券
3. 可與店內折扣合併使用
4. 本券金額不得開發票亦不得找零，逾期無效
5. 本券使用後即蓋戳章,經蓋戳章、翻拍、塗改、汙損無法辨識者無效

本券經蓋
戳章即作廢

蔡阿嘎Fun閃玩台灣回函抽獎

歐遊國際總統套房雙人房平日住宿券壹張，共五名

市值約 NT9800 ～ 38800 元，依館別不同，以現場公告房價為主。

不可與其他優惠合併使用，連續假期、特殊節慶及國定假日外，皆可使用。

本券依實際消費金額開立發票。

使用期限自民國 105 年 6 月 20 日至 105 年 12 月 30 日止。

抽獎日期：民國 105 年 8 月 22 日

公佈日期：民國 105 年 8 月 23 日

贈品寄出日期：民國 105 年 8 月 31 日前

STAYREAL 潮帽壹頂，共五名

市值約 NT1080 ～ 1280 元，隨機出貨不挑款。

抽獎日期：民國 105 年 10 月 17 日

公佈日期：民國 105 年 10 月 18 日

贈品寄出日期：民國 105 年 10 月 31 日前

BURTON 旅行背包壹個，共五名

市值約 3000 元，隨機出貨不挑款。

商品說明和保養方法，請參閱實物的商品標籤說明或廠商官網說明。

抽獎日期：民國 105 年 11 月 21 日

公佈日期：民國 105 年 11 月 22 日

贈品寄出日期：民國 105 年 11 月 30 日前

可口可樂客製表情瓶壹瓶，共五名

市值無價。此款為可口可樂公司與本書專案合作，市面上無販售。

抽獎日期：民國 105 年 12 月 19 日

公佈日期：民國 105 年 12 月 20 日

贈品寄出日期：民國 105 年 12 月 30 日前

① 每張回函限得抽獎壹次，恕無法挑選贈品項目。

② 所有贈品均為非賣品，不得轉售或要求更換。

③ 因寄送考量，活動限台灣本島讀者參加。

④ 請務必以正楷書寫清楚；字跡潦草、難以辨識者，將喪失抽獎資格。

⑤ 中獎者將以電話通知，名單公布於高寶書版 Facebook 粉絲團（https://www.facebook.com/gobooks3）。

⑥ 中獎者須配合主辦單位提供個人資料。資料用於獎品寄出和申報，不另作他用，且遵守【個人資料保護法】相關規
　定，以維護參加者權益。

⑦ 高寶書版保留修改活動與獎項細節的權利，消費者於參加本活動時，視為同意接受本活動所有內容及細則之規範；
　倘有違反本活動相關注意規範，【高寶書版】得以取消其中獎資格，並對於任何破壞本活動之行為保留法律追訴權。

⑧ 贈品領取期限為民國 106 年 1 月 6 日，逾期喪失中獎資格，恕不補發。

高寶書版粉絲團

沿虛線剪下

抽獎人資料

姓名：
_____

電話：
_____

地址：
_____

Email：
_____

FROM：

高寶書版蔡阿嘎Fun閃玩台灣抽獎企劃部　收

TO： 114 台北市內湖區洲子街 88 號 3 樓